证券行业金融科技
探索与实践

证券信息技术研究发展中心（上海）
2018年课题报告精选

证券信息技术研究发展中心（上海）◎主编

格致出版社　上海人民出版社

序一

如市场无科技，则市场无效率；如市场无监管，则市场无规矩；如监管无科技，则监管无力量。

2019年2月，习近平总书记在主持中共中央政治局集体学习时指出，要加快金融市场基础设施建设，稳步推进金融业关键信息基础设施国产化。要运用现代科技手段，适时动态监管线上线下、国际国内的资金流向流量，使所有资金流动都置于金融监管机构的监督视野之内。针对资本市场工作，总书记特别要求，要建设一个规范、透明、开放、有活力、有韧性的资本市场，要加强对交易的全程监管。

作为中国资本市场的核心枢纽，上交所从开业的第一笔交易开始就跨入了科技时代。1.55亿个账户、1 500余家上市公司、每秒交易13万笔的股票市场，1.43万只上市挂牌债券、9.24万亿元债券托管量的债券市场，日均成交面值688.49亿元、日均成交量246.93万张的期权市场，以及与香港、伦敦、东京的交易联通机制，让上交所每天开盘直至休市的时间，都成为了"双十一"。

与此同时，大数据、云计算、人工智能和区块链技术的快速发展，正不断创造出新的业务模式、应用、流程和产品——科技正在以前所未有的力度驱动着行业的变革，也对市场组织和监管、对金融稳定和金融安全提出了新的挑战。

因此，我们必须成为金融科技路上的奔跑者，我们必须成为科技监管路上的领跑者，我们别无选择。

2019 年 9 月，中国证监会全面深化资本市场改革工作座谈会部署了当前及今后资本市场深化改革的 12 项重点任务。其中，加快提升科技监管能力赫然在列。证监会要求，要推进科技与业务深度融合，提升监管的科技化、智能化水平。

结合自身实际发展现状，《上交所科技战略规划纲要》明确提出，上交所要通过 3 年时间，在运用移动互联网、大数据、人工智能等新兴技术方面走在全球交易所前列，实现技术对监管、服务和内管等各类业务的引领。

作为中国资本市场改革发展的排头兵，上交所在以科技引领业务方面取得了长足的进展。在设立科创板并试点注册制的重大改革中，基于大数据、自然语言处理和智能分析等技术的"科技评价系统"正在研究开发，并将用于科创板申报企业的科技含量评价；"金融文本处理系统"可进行文档比对、数据抽取及结构化、差异结果归类，辅助审核工作开展。

在公司监管工作中，上交所已上线"公司画像"科技监管系统。以大数据、知识图谱技术为依托，通过"公司快览""风险扫描""财报审核"三大模块，多维度、全历史、可视化地展示上市公司信息，为监管人员进行专业判断提供支撑。

在市场监察工作中，应用机器学习技术、知识图谱技术和文本挖掘技术，上交所市场监察部门可以对海量账户进行有效的投资者画像分析、识别关联账户、自动监测网络"黑嘴"。在期权监管中，科技监管手段已被广泛应用于程序交易监管、期权投资者画像和分仓交易平台打击等方面，保证了上交所期权市场总体未出现爆炒、过度投机等风险事件。在债券监管中，项目申报系统、业务管理系统、监管与风险管理系统覆盖了公司债全生命周期，风险识别和判断更超前，异常交易监测更给力。

为加强金融科技和科技监管的研究与应用，我们必须拥抱无限的可能与未知。因此，我们高度重视证券信息技术研究发展中心（上海）（以下简称ITRDC）这一行业研究平台。从 2017 年起，ITRDC 与行业机构、高等院校、科技公司等开展联合研究课题，关注科技与业务的结合，倡导研究和应用的开放性、前沿性和共享性，重视研究的落地性和可操作性。我们希望，每一年都能以课题报告精选集的形式，面向业界、学界和全社会，交上一份作业。

　　《证券行业金融科技探索与实践——证券信息技术研究发展中心（上海）2018 年课题报告精选》选取了交易与监管、运维与服务、安全与管理三个领域的 7 篇课题报告。 报告中回答的问题，展示了我们走过的路程；报告中提出的新问题，将鞭策我们再次整装上路，拥抱未知，迎接挑战。

　　我们要在科技监管的路上继续奔跑，随市场变得更快，让自己变得更强。

上海证券交易所理事长

序二

从 1990 年中国证券市场第一笔计算机自动撮合的股票交易在上海证券交易所诞生之日起，我国资本市场已经经历了电子化和网络化两次科技浪潮。 近几年来，以人工智能、云计算、大数据、区块链技术为代表的新一轮数字化浪潮正从创新业务模式、推动传统金融机构转型等方面对资本市场产生愈加广泛和深远的影响。

作为由中国证监会批准成立的行业公共技术研究平台，证券信息技术研究发展中心（上海）（简称"ITRDC"）始终致力于推动前沿科技研究、先进技术应用、行业经验分享和专业人才培养，希望广泛发挥行业力量并凝聚成科技研发合力，共同探索科技创新的发展方向与应用方式。 2018 年以来，ITRDC 联合证券公司、基金公司、高等院校、科技企业等机构陆续开展了 21 项课题研究，内容涉及监管科技、智能投服、智能运维、数据中心管理等多个方向。 本书则精选收录了其中 7 篇具有代表性的课题研究成果，并按其技术类别和所涉及的业务场景分为三个篇章，分别是"交易与监管""运维与服务""安全与管理"。

可以说，本书中收录的均是紧扣行业发展实际、创新性较强、应用价值较高的成果，是上海证券交易所和相关单位完成的精品之作。 例如，在"交易与监管"篇中，《7×24 小时连续交易研究》介绍了海通证券为跨时区、跨市场、跨交易所全天候连续性交易而设计的交易、结算分离的新系统架构。 随着我国金融市场对外开放不断深化，投资者全球多市场投资、套利和避险需求愈发多样化，以及对资金利用效率的要求不断提高，海通证券率先尝试了回答券商交易系统如何满足未来多市场连续性交易这个问题。 在"运维与服务"篇中，《基于大数据与机器学习的证券行业智能运维体系建设》分享了光大证券自身的智能运维建设实践经验。 其目标不仅限于解决光大日常系统运维中的数个痛点，而且对整个运维体系进行了智能改造，项目组从系统架构设计、数据采集分析、人工智能算法应用等层面开展了大量而细致的工作，最终在试点场景中为实际运维工作带来了收益。 这项工作可以作为其他行业机构对自身运维体系建设决策的参考。 在"安全与管理"篇中，《物联网定位技术在数据中心人员管理的应用研究》是上交所技术公司从自身数据中心管理角度出发，提出的结合了物联网定位和人脸识别技术的一整套人员管理方法。 相关团队在调研、试验了市场上所有定位技术与产品的基础上，发现目前仅有 UWB 技术能满足数据中心布设机柜多、机柜之间排布紧密场景下的抗干扰、高精度人员定位需求。 其联合清研讯科设计的人员识别管控方法对数据中心降低管理风险与成本具有十分典型的参考借鉴意义。

今天，所有人都能切身地感受到科技进步与技术创新正在不断加速。 对于资本市场而言，业务创新、监管创新的速度能否与科技创新的速度相适配，研发投入、科技应用的速度能否与新技术、新模式、新设备的发展速度相适配，决定了一个机构是否会被时代发展所颠覆，也决定了我们是否能在激烈的全球化竞争中占据有利地位。 希望我们能够与所有关心、参与、支持 ITRDC 课题研究工作的政产学研各界人士一起，集思广益、锐意进取、携手同行，为我国资本市场发展建设继续奋斗。

证券信息技术研究发展中心（上海）

二〇一九年七月二十二日

目 录

光大证券联合日志易与清华团队,研究了基于人工智能技术的新一代运维方法 AIOps 在证券业运维管理中的应用。研究结果表明,AIOps 能极大降低运维工作强度,显著提升反应速度,使得运维效率大幅提升。该体系在光大证券某应用系统上实现了异常检测和异常定位等场景,为运维工作带来了实际收益,具有很强的指导意义。

第三部分　安全与管理篇

面对国内外日益复杂的网络安全形势,长江证券等以蜜罐技术为基础,设计了基于攻击链模型的网络威胁捕猎架构。通过伪装真实的目标主机和网络环境,诱骗攻击者进入蜜罐系统,收集并分析其在蜜罐系统中的各种操作及意图,加强关键网络对攻击入侵的防御能力,提升各机构的网络威胁预警能力、网络攻击监测能力,以及安全事件的快速应急响应能力。

为响应网络安全法的相关规定,东吴金科与北京大学等研究了基于可信计算的安全金融运维平台。其整合了区块链与大数据人工智能分析技术,为金融关键信息基础设施系统的关键数据建立可信的数据存证与传输,防止金融恶意或者虚假数据在关键信息基础设施中产生。

上交所会同清研讯科以上交所技术公司数据中心为样本,探究了物联网定位技术在数据中心人员管理中的应用。其设计了基于 UWB 定位技术的数据中心人员管理应用系统,同时辅以人脸识别技术解决了物联网定位技术在数据中心场景下的无卡尾随、人卡分离的管理漏洞,并在上交所技术公司数据中心进行了实地验证,证明了该技术可有效提升数据中心安全管理水平、降低人力资源投入。

第一部分　交易与监管篇

　　本部分主要聚焦证券行业交易与监管的研究热点，分别探讨了 7×24 小时连续交易的架构设计新思路和利用区块链技术在场外市场开展交易、监管以及隐私保护方面的新构想。

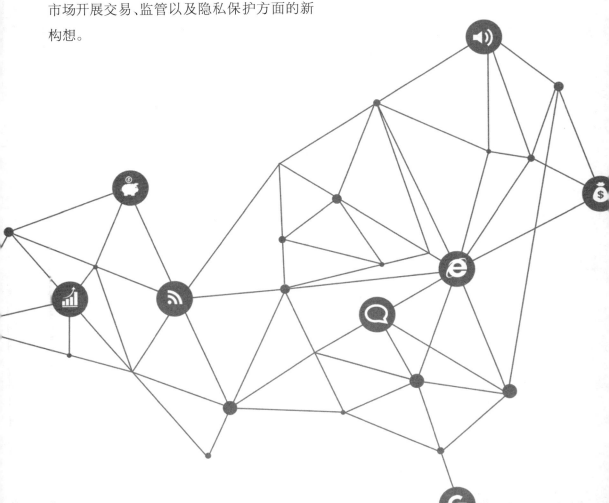

7×24 小时连续交易研究[*]

1 绪论

1.1 背景

随着资本市场的全球化，各国外汇、信贷及利率等方面的管制放松，国际金融市场逐渐成为一个密切联系的整体市场。尽管有时差，但由伦敦、纽约、东京和新加坡等国际金融中心组成的市场，已经实现了 7×24 小时不间断的金融交易，其中包含黄金市场、外汇市场、期货市场等。

对证券行业而言，跨时区、跨交易所的合作有利于内地和世界各地证券业的交流发展，有助于人民币国际化的推进。港股通、沪伦通的探索都在预示着未来的证券交易将不仅仅局限于境内交易所，还会向跨时区、跨交易所的方向发展。

对券商而言，连续交易将带来前所未有的机会，迎合投资者投资、套利和避险的需求，将是券商的核心竞争力。

然而，由于传统券商端交易系统设计时，市场并无此类需求，因此很难适应 7×24 小时连续交易的要求。对此，本章尝试回答"券商交易系统如何满足 7×24 小时连续交易"这个问题（下文简称 7×24 小时连续交易问题）。

1.2 研究目标

本章理解的 7×24 小时连续交易，是指交易系统有能力对外提供持续、稳定的服务；同时，交易系统"内部"，在不停止整体对外服务的前提下，有能力进行维

＊ 本章由海通证券有限公司的王东、周尤珠、曹卓娅、蔡文豪、王坤瀛、隋亮共同完成。

护升级、所司测试、容量扩展等事务。本章更多地侧重在连续交易,而不是去强调 7×24 小时一秒钟都不停。

连续交易,在软件工程上是一个综合性的课题,对国内大多数券商而言,都需要考虑已有系统如何支持连续交易,可谓千头万绪。本章并不是研究其中所有的问题,而是对以下问题重点聚焦:

(1) 怎样的系统架构足以支持 7×24 小时连续交易?

(2) 连续交易时,如何保证资金的使用效率?

从现实意义讲,对于场内证券和场外开放式基金的结算确权文件,券商端收到的时点不同,场内外的资金在券商端清算后的结果若能快速作用于交易,就能保证连续交易时的资金使用效率。

1.3　研究方法

对于"研究目标"中提出的两个问题,本章是如何解决的呢?

第一个问题:怎样的系统架构足以支持 7×24 小时连续交易?本章是从演进的角度,通过对券商现有交易系统进行分析,指出其之所以不能承载 7×24 小时连续业务,关键问题在于其交易和结算业务应用基于单一数据库设计。进而提出一种设想,即把基于单一数据库的约束解除,采用多数据库的交易、结算节点分离架构方案(下文简称交易、结算分离架构),分别从业务、技术角度探讨这种架构的可行性。如图 1 所示。

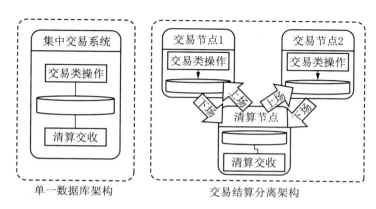

图 1　单一数据库架构 vs.交易、结算分离架构

第二个问题：连续交易时，如何保证资金的使用效率？本章从清算的角度，把这个问题转化为"对于各个交易节点，如何保证在不同时间段能及时获取到最新的资金可用额度"的等效问题。然后，基于第一个问题提出的交易、结算分离架构，通过梳理资金流转流程，提出了配套的两个方案和一个设想：

（1）数据上下场①②的方案，保证交易和清算数据快速交互；

（2）交收资金及时同步方案，保证交易的资金使用效率；

（3）多批次③清算设想，保证清算可按批次进行。

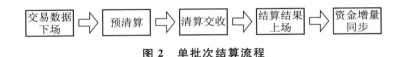

图 2　单批次结算流程

2　怎样的系统架构足以支持 7×24 小时连续交易

2.1　券商交易系统的现状

在现有券商端集中交易系统中，日间交易数据和日终结算数据共用单一数据库，导致日终清算时系统无法对外提供所有服务，降低了客户体验。在系统的紧耦合模式下，任何一个不稳定因素，都可能影响整体对外服务质量。

此外，目前集中交易系统的结算主要采取所有业务同时进行清算交收的模式。这不仅会导致结算处理的压力不断增加，还会让本可以灵活交收的业务发展受到局限，对未来发展跨市场、跨时区的交易系统是很大的瓶颈。

随着我国证券行业与国际金融市场接轨，券商交易系统需要对接更多市场，日终结算处理的类型品种增多，数据量增加，耗时变长。因此，如何将结算分批次进行，缩短集中清算占用的时间，是亟待解决的问题。另外，各市场交易时间的不同必然导致结算文件下发时间的不同，如何使各个市场能够独立清算、独立交易，

---

① 上场：泛指数据从清算节点导出，并导入到交易节点的行为。

② 下场：泛指数据从交易节点导出，并导入到清算节点的行为。

③ 批次：批次这个概念，在多次讨论后，我们认为比较容易落地的定义是与下场无关，在上场完成前，无论多少次清算都认为是同一批次，成功上场则为一个批次结束。

且互相不受制约,并且可以轻松扩展新的市场,不受交易市场属地的限制,也是需要考虑的问题。

2.2 新架构:交易、结算分离

传统的集中交易系统之所以不能承载 $7×24$ 小时连续业务,关键问题在于交易和结算的业务应用是基于单一数据库设计的。从数据库角度看,即使交易和结算业务应用可以 $7×24$ 小时连续,单数据库故障的风险,以及随业务量增加带来的压力都是隐患,这样的系统后续发展必然会遇到瓶颈。

如果把基于单一数据库的约束解除,是否是一个可行的方向?从这个设想出发,本节提出一种新架构,整体思路如下。

在逻辑层面,将券商端的核心交易系统抽象成两大职能:交易和结算。交易职能由交易节点承担,结算职能由结算节点承担,即交易、结算职能分离。在物理层面,整个系统由多个交易节点、单个结算节点组成(研究初期,暂简化为单个结算节点)。

在数据库层面,打破单一数据库的约束,允许每个节点拥有本地数据库。在数据分布上,结算节点拥有所有客户数据,这有两层含义:一是因为单节点清算,故所有客户信息在结算节点数据库中都需要有;二是所有清算需要的数据,如清算参数都需要有,同时清算后不需要的数据不必保留。交易节点可按客户划分,即某个客户仅从属于某一交易节点,换句话说,每个交易节点的数据库保存了一组客户的信息以及交易需要的所有要素。

基于这样的数据分布,在业务应用设计层面,交易节点负责交易职能,结算节点负责结算职能,连续交易通过交易节点持续提供服务实现。图3为交易、结算分离架构下的交易系统生态。

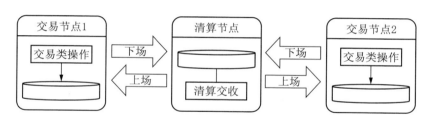

图3   交易、结算分离的新架构

2.3 新架构可行性论证

基于上一部分中所描述的新架构，我们从如下角度论证架构的可行性。

1. 交易节点摆脱清算节点后是否可以独立运行？

交易节点的主要职能是接受客户端发起的委托指令和交易所端发起的成交回报，并对交易进行资、券验证和控制。那么交易节点能否独立的依赖条件是获取当前交易可用的：

- 初始可用金额；
- 初始可用份额；
- 其他相关额度。

假设交易节点在初始时就已经获得了准确的可用额度，那么仅依赖交易所的成交回报即可独立运行完成交易委托和成交的任务。如图 4 所示，即便在单交易节点存在使用相同货币的多市场交易，也可以正常运行。

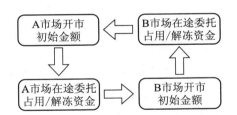

图 4　无清算交收时，单交易节点多市场的现金流转情况

事实上目前主流的极速交易系统，均是采用此类模式。其在交易开市时向主系统采集当日所有客户的可用额度，之后便可以完全独立运行而不依赖主系统。

2. 交易节点是否可以不间断地连续运行？

随着业务复杂度和监管要求的不断提高，完全脱离清算的交易是不现实的。当交易与结算在同一平台上运行时，交易业务的连续性就会被清算进程所打扰（如图 5 左侧所示）。

当交易节点独立运行时，需要保证每一次清算交收的结果可以及时同步到交易节点，且同步时间需要控制在一个相当短的时间段内，这样就能保证交易节点可以连续不间断地运行，而不受系统状态、交易日期和所属市场的限制（如图 5 右侧所示）。

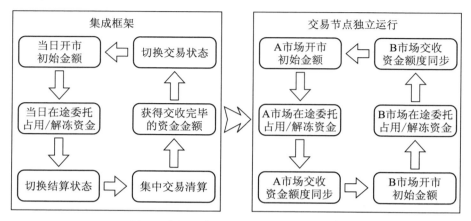

图5　交易业务处理的连续性演变过程

3. 结算节点是否可以独立运行？

结算节点的主要职能是依据权威机构发放的清算文件，进行清算交收处理，计算客户的资金、股份交收数据，并进行簿记操作。从纯清算角度看，结算节点对交易节点是没有依赖的，完全可以独立运行。

但实际操作中，结算的佣金计费模式需要依赖于交易节点产生的交易信息，而交易节点也需要对交易时产生的临时占用额度进行释放。那么结算节点就需要依赖交易数据的下场来支持结算节点的独立运行。

综上，基于上述三个角度，我们认为目前探究的新框架可以支持 7×24 小时连续交易。

3　连续交易时，如何保证资金的使用效率

3.1　连续交易下的资金流转流程

对于单交易节点，实现 7×24 小时连续交易的前提是能随时获得最新的资金状态。最新的资金状态由如下两部分属性组成：

（1）在途委托占用的资金：包括已经下单的委托、未确认的银证转账等。

（2）经过清算交收的资金：已经通过中国登记结算公司（以下简称"中登"）下发的清算文件确认交收或待交收的资金。

若实现交易连续性，需保证这些不同的资金属性能以有序的方式存在，同时不产生透支的风险，不影响随时交易。简言之，A 市场清算时 B 市场依旧可交易，而 A 市场清算结束后所得的交收资金也可以直接用于 B 市场的交易。

在本次探索的框架中，我们通过交易数据下场获得在本批次结算相关的所有交易流水。通过预清算处理步骤可以计算出本批次结算相关的在途委托占用资金。通过清算交收处理，对本次数据进行交收。最终将客户的实际交收结果变动增量进行上场，由资金增量同步在交易系统中完成交收资金及时同步。流程如图6 所示。

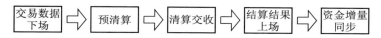

图 6　单批次结算流程

此处要强调的是，对于资金增量同步，所需同步的不仅是交收结果，还需要对本批次交收结果对应的在途委托占用资金进行反冲操作。这样能保证清算节点在清算交收处理的同时，交易节点依然可以使用在途委托占用金额进行交易。而当交易节点完成交收资金及时同步后，客户就可以直接使用经过清算交收的资金进行交易。

本节接下来的三部分，将分别阐述数据上下场、交收资金及时同步、多批次清算的方案和设想。这三个环节组合起来，共同保证了资金的使用效率。

3.2　保证环节一：交易、结算数据上下场方案

为保证资金使用效率，在交易、结算分离的新架构基础上，很自然地衍生出一个问题，即交易、结算节点间的数据如何高速、稳定、可扩展地交互。本部分将分析数据交互机制的关注点，并提出一种方案。

从数据交互的角度，站在交易节点的立场，交易、结算节点之间的数据流向可分为下场和上场两类。下场的数据依赖于结算节点的设计，也即清算需要但从结

算节点本身无法获取的那些数据,原则上由交易节点提供,比如交易节点上的委托数据。上场的数据依赖于交易节点的设计,也即交易需要但从交易节点本身无法获取的那些数据,原则上由结算节点提供,比如清算后的股份、资金相关变动。

正因为有这种对交易、结算节点设计的强依赖,数据交互机制上需要考虑到上下场数据的可扩展性。也正因为这个原因,数据交互无法一下子把交互接口设计成标准化的接口,而是需要从现有同构系统(这个同构更多地是指设计思路上的同构,而不仅限于技术架构上的同构)中提炼。这是数据交互上的第一个关注点,即交互数据可扩展机制。

为支持 7×24 小时连续交易,按照现有的由结算所下发结算文件触发清算的机制,数据交互还需要具备在满足条件的情况下,可随时触发的特点。比如,在结算所下发一组完备的结算文件后,交易节点数据就可以下场,清算节点就可以根据结算文件和下场数据完成清算,并通过一个上场给回交易节点。这是数据交互的第二个关注点,即交互数据的多批次。

最后,数据交互需要具备高速、稳定、可重复执行、易于查错等特点。这是数据交互的第三个关注点,即高速上下场及核对机制。

在上述关注点的指导下,本部分设计并实现了一种数据上下场的方案。方案有以下亮点,简述如下。

其一,采用配置表实现可扩展机制。上下场的数据表各式各样,我们期望做到新增数据时,无须修改程序即可支持。本方案通过提炼上下场数据表的通用逻辑,采用了配置化的做法。针对数据上场和下场的特点,分别设计了上场配置表和下场配置表。两张配置表均支持可配置的 SQL 语句,比如 ♯｛TODAY｝是预定义的关键字,表示当日清算日期,则若 export_cond 配置为 entrust_date＞＝'♯｛TODAY｝',在当日清算日期为 20181225,执行时会替换为 entrust_date＞＝20181225。另外,批次的概念与上下场配置表解耦,体现在具体的数据表中,而不体现在上下场配置表中。

其二,采用并发机制处理。以上场为例,比如上场配置表有 59 张上场表信息,则将每张表作为最小粒度分派,并行完成导出或导入操作。并行处理依赖的生产者—消费者模型如图 7 所示。

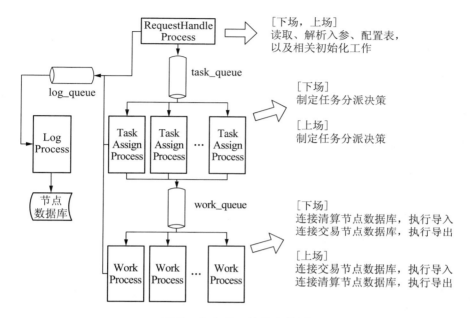

图 7　生产者—消费者模型

其三，对关键的数据导出导入环节采用 db2Export 导出、db2Ingest 导入处理。需要说明的前提是本方案针对 DB2 数据库。为实现高速数据导出导入，在设计前期的技术选型阶段，本部分对以下技术方案进行了评估：

- 方案一：采用 ESQL 读写数据库；
- 方案二：采用 db2 API 导出导入；
- 方案三：采用 db2 的 load from cursor 特性。

方案一，采用 ESQL 读写数据库。即直接通过 ESQL 连接 A 节点数据库，读取数据表加载到内存，断开 A 节点数据库。连接 B 节点数据库，写入数据表；断开 B 节点数据库。程序仅在某个节点运行，需要在该节点应用运行环境对其他节点做 db2 catalog。

方案二，采用 db2 API。数据表导出、导入操作采用 db2 API 实现：

- db2Export；
- db2Import。这里注意，后经评测，db2Ingest 的速度显著优于 db2Import，故实际程序实现中采用 db2Ingest。

方案三，采用 db2 的 load from cursor 特性。但考虑到该特性不记录数据库日志，无法通过 db2 hadr 同步给备机，而清算节点不排除使用 hadr，该方案不适合用此类场景。

通过分析方案一和方案二的评测结果（详见附录 A：数据上下场技术选型评测环境及结果），本章最终选择了方案二，即采用 db2 Export 导出，采用 db2 Ingest 导入。

其四，设计了数据核对及优化机制。为保障数据迁移的准确性，本章设计了一张上下场结果统计表，其中对同一张表，记录了导出、导入的记录数，同时记录了耗时，可用于优化分析，统计表示例如图 8。以 KS.B_SEC_CODE 表为例，从图中可见导出数量为 68966，导入数量为 68966，核对相同。导出时间约为 1.62 秒，导入时间约为 36.95 秒，这为后续优化提供了数据和依据。

	WORK_MODE	SYSTEM_NO	TABLE	IS_EXPORT_SKIP	IS_IMPORT_SKIP	EXPORT_COUNT	IMPORT_COUNT	EXPORT_PROFILE	IMPORT_PROFILE	UPDATED_ON
	CHAR (10)	CHAR (10)	CHAR (35)	CHAR (1)	CHAR (1)	INTEGER	INTEGER	CHAR (64)	CHAR (64)	TIMESTAMP
1	SC	T1ZA	KS.B_SECOND_FEE_DSCNT	0	0	1357767	1357767	7.025823	294.009969	2018/12/5 18:21:42
2	SC	T1ZA	KS.B_SEC_CODE	0	0	68966	68966	1.622561	36.948613	2018/12/5 18:17:25
3	SC	T1ZA	KS.DICTIONARY	0	0	31985	31985	0.672841	8.090452	2018/12/5 18:16:56
4	SC	T1ZA	KS.HK_SEC_CODE	0	0	58681	58681	1.606831	4.231060	2018/12/5 18:16:53
5	SC	T1ZA	KS.B_SECOND_BOND_FEE	0	0	2584	2584	0.033519	4.088261	2018/12/5 18:16:52
6	SC	T1ZA	KS.B_EMP_CODE	0	0	6979	6979	0.687231	3.336352	2018/12/5 18:16:51
7	SC	T1ZA	KS.SEC_PRICE	0	0	87430	87430	0.876858	3.184171	2018/12/5 18:16:53

图 8　上下场核对统计表

其五，设计了快速查错的机制。除了传统的日志记录，本章针对导出、导入过程中的错误，设计了一种简洁的落地文件约定的目录结构，以系统编号为 1 的上场为例：

```
`－ － sc
    | － － 1
    | － － KS.APPEND_PWD.del
    |    | － － msg
    |    | － － KS.ADDI_HOLDER_ACC_export.msg
    |    | － － KS.ADDI_HOLDER_ACC_import_err.msg
    |    `－ － tmp
    `－ － pub
```

对系统编号为 1 的系统作上场时，sc/1/ 下存放导出的文件，导出、导入过程中产生的 msg 文件在 sc/1/msg/ 目录下，sc/1/tmp/ 目录下为导入时对原表的备份。如果在导出、导入过程中出现错误，则 msg 的文件名就会带上 err，方便查找分析。

其六，设计了备份和定期清理的机制。出于便于问题分析和运维的考虑，本章设计了文件备份和清理机制。比如，一天内，可能有多次的数据上下场，每一次在导出时，程序会备份上一次的结果，并且备份目录约定如下，即按日期为一级目录，时分秒为二级目录，

```
archive/
|－－20181218
|　|－－150812
|　`－－154803
`－－20181222
　|－－111009
　|－－111940
　`－－112311
```

并且，为了便于运维，程序设计了一个按日期删除的子程序，如删除 n 天的文件备份。在实际生产环境中，可配置 crontab 自动执行。

最后需要说明的是，工程上的上下场程序，随着整体架构的需要，往往不仅限于单纯的数据导出和导入，它很可能被赋予了很多其他的职能，如有选择的数据删除和迁移等，以及那些为保障整体流程顺利而嵌入这个环节的职能。所以当这些职能的比重加大时，我们需要重新评估这个环节中最关键的技术，并且调整更新设计与实现。

3.3　保证环节二：交收资金及时同步方案

在第 2.3 部分新架构可行性论证中可知，支持交易节点 24 小时连续交易的前提，是需保证每次清算处理完毕的交收资金和份额可以及时增量同步至交易节点。此处需要强调增量同步的原因是，以往与结算系统分离的交易系统，都是采用统一额度上场的方式。即额度直接覆盖，每次都需要从结算节点采取全新的可用额度。那么这就会导致在交易终端，新的可用额度会覆盖掉在途业务的临时占用额度。

为了支持多样化的业务，资金的控制不会只有一个额度，而是会通过很多类资金属性来控制资金的额度，比如冻结、解冻、待交收等。因此资金、股份同步不

能只上场一个可用额度,这样会限制交易节点的业务发展。

我们在做交收资金及时同步探索时,做了如下改造(如图9所示):

（1）支持将每一个批次的资金、股份增量变动情况通过批量数据上场的方式分批次导入各个交易节点(传输方式详见上一部分的介绍)。

（2）在交易节点上,对客户的资金、股份直接进行增量更新。将批量增量同步的压力分散到各个节点,可以提高交收资金及时同步的速率。

（3）每次同步都会将资金、股份的所有属性字段的增量均进行同步,以便支持交易业务多样化。

（4）支持分批次同步,每个交易日可以根据需要多批次同步,根据专有标志区分不同批次的数据,以此来支持跨时区市场分开清算的可能性。

（5）为了增强系统容错性,我们支持同步检查和回滚机制。

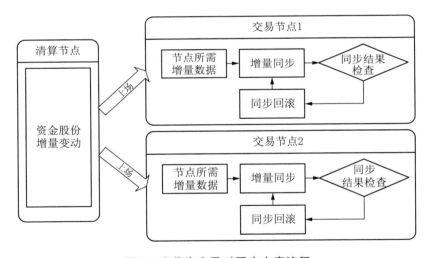

图9　交收资金及时同步方案流程

在交易节点上,我们在现有经纪业务框架上,采用批量并发处理、按客户逐笔提交的方式实现对客户资金股份全属性的及时同步。框架模型如图10所示。经测试,每个客户的增量同步处理耗时仅控制在33微秒左右(详见附录B:资金增量同步测试结果)。也就是说每次同步对客户的交易影响极小,基本可以保证交易的连续性。

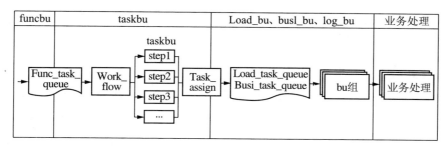

图 10　经纪业务批量处理模型

3.4　保证环节三：多批次清算设想

在第 3.1 部分中已经提到，为了提高客户的资金最大使用效率，需要打破原有集中清算处理的思路，而采用分批次清算的方式进行处理。因此这里需要引入批次的概念。在清算中多批次是指什么呢？应以什么维度来区分呢？

目前中登已对分批次的业务进行了探索和实践。如中国登记结算公司上海分公司（以下简称"上中登"）在 2017 年 6 月 26 日发布的《登记结算数据接口规范（结算参与人 V3.20）》中提出，"jsmx（单一批次结算明细文件）于 7 月 3 日起正式停发，三个批次结算明细文件，jsmx01（结算明细第一批次文件）、jsmx02（结算明细第二批次文件）、jsmx03（结算明细第三批次文件）正式启用"。上中登采用按业务的交收时点和业务属性来对清算数据进行批次区分的方法。

（1）批次的区分方法。

分批次的意义在于尽可能提高资金的交收速度，避免由于清算时间过久，导致实际已经交收的资金无法使用的情况。因此不一定要拘泥于市场，也可以按实际业务来划分。划分边界在于：

● 完整清算文件接收完毕的最后时点；

● 业务规定的交收时点要求。

其中完整的清算文件，需要包含资金、证券变动明细和完整的对账逻辑。简而言之，能保证在某个时间点之前，该业务相关的所有清算文件均可以到齐的，并且符合当前业务交收时点要求的，那么就可以划分为一个批次进行清算。

批次和批次之间需要排除依赖关系，完全独立，且没有时序要求。对交易节点而言，任何一个批次的清算结果，都只是一次资金、股份的增量同步（详见上一部分中介绍的同步方案）。交易节点无需关注结算节点的进程情况,随时获取的都是最近一个批次的交收结果和当前在途业务的占用情况。

（2）在途委托占用额度的释放问题。

那么,仅仅将清算交收步骤分批次就够了吗?在某一批次的清算交收处理完毕后,我们就可以获得该批次的交收结果。如果将这部分交收结果直接增量同步至交易节点,很可能会直接导致客户资金透支或者可用不足。因为还有一个重要的问题也需要考虑,那就是该批次业务的在途委托占用资金和证券的额度如何释放的问题。

我们在交易委托使用的临时变动流水表中增加了批次（BATCH_FLAG）,将市场和委托业务类型与批次的对应关系作为配置数据放在系统中,对于委托、成交产生的临时变动会自动根据配置标上对应的批次（BATCH_FLAG）。当且仅当该批次进行交易数据下场时,这部分流水才会下场至结算节点。再通过预清算的步骤计算获得对应批次所需释放的在途委托占用额度。

（3）单批次清算的完美闭环。

明确了批次的概念,接下来就要明确批次的上下接口。每个批次的处理接口和流程尽可能一致（如图 11 所示）,通过下场、录入、清算交收、上场、增量同步形成一个完美闭环,这样可以避免由于特殊处理导致的异常问题,也方便日后的业务拓展。

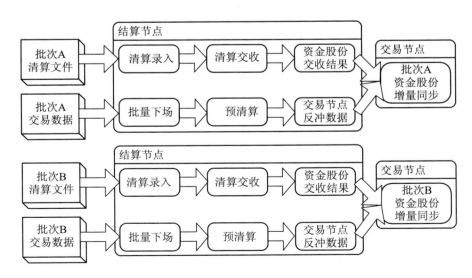

图 11　每个批次的处理流程保持一致

对于一些有时间点要求的特殊操作,都可以作为一个独立批次,在规定时间点进行单批次独立处理,从而实现多批次清算的概念,以此作为交易节点 24 小时连续交易的基础。

4　总结

本章作为 7×24 小时连续交易的探索,首先给出了对 7×24 小时连续交易的理解。然后,在对现有交易系统架构分析的基础上,提出了一种交易、结算分离的新架构,并从交易节点能否独立运行、结算节点能否独立结算、交易节点能否连续运行的角度论证了新架构的可行性。

基于新架构,针对如何保证资金使用效率的问题,本章总结了三个连环保证环节,提出了数据上下场、交收资金及时同步两个方案和一个多批次清算的设想。

其中,数据上下场保证环节设计并实现了一种方案。它具有以下亮点:(1)采用配置表实现可扩展机制;(2)采用并发机制处理;(3)对关键的数据导出导入环节采用 db2Export 导出、db2Ingest 导入处理;(4)具备数据核对及优化机制;(5)具备快速查错的机制;(6)具备备份和定期清理的机制。

交收资金及时同步保证环节设计并实现了准连续、可回退的资金变更方案。多批次清算设想对清算职能进行了理想化的设想,从现实意义讲,为提高场内证券和场外开放式基金的资金使用效率提供了思路。

需要指出的是,在数据上下场方案研究中,我们发现如果可以归纳出一套业务要素完备的上下场数据接口,那么新架构对异构系统的兼容性将有极大提升。

7×24 小时连续交易是一个综合的研究课题。正因为这种综合,我们相信方法不止一种。很高兴有这样的机会能让外界听到我们的声音,希望能为行业 7×24 小时连续交易系统的发展提供一些参考和启发,也希望借此机会和业界领先的研究者学习交流,进一步深化研究。

参考文献

中国证券登记结算有限责任公司上海分公司:《中国证券登记结算有限责任公司上海分公

结算账户管理及资金结算业务指南》,2018 年 5 月 14 日。

中国证券登记结算有限责任公司深圳分公司:《中国证券登记结算有限责任公司深圳分公司证券资金结算业务指南》,2018 年 9 月 19 日。

中国证券登记结算有限责任公司上海分公司:《登记结算数据接口规范(结算参与人版 V3.33)》,2018 年 11 月。

附录

A　数据上下场技术选型评测环境及结果

表 A.1　技术选型评测结果(单位:秒)

记录数(单位:万)	方案一导出	方案一导入	方案二导出	方案二导入
1	0.241801	2.372114	0.114897	2.530317
1	0.215888	2.602243	0.410569	3.130299
10	11.61155	21.270869	1.00845	26.362855
10	0.744195	21.538415	1.561755	23.893417
100	4.913742	225.241309	6.465117	232.533915
1000	std∷bad_alloc	std∷bad_alloc	119	3278

方案一:采用 ESQL 读写数据库。

方案二:采用 db2 API 导出导入(使用 db2Import 得到的数据,db2Ingest 快一个数量级)。

表 A.2　技术选型评测环境

节点 A	研发测试云虚拟机 CPU:4 核,内存:8GB,磁盘:300GB OS:RHEL 6.8 x64 DB2:V10.1
节点 B	同节点 A

B　资金增量同步测试结果

表 B.1　资金增量同步测试结果

	说明/步骤	交易节点 1	交易节点 2	交易节点 3
测试说明	客户数量	5003575	3902072	2799959
	资金同步记录数	4738059	3831219	2811332
	股份同步记录数	4194653	2825876	1233478
	场外基金同步记录数	2515587	2326247	2472843
	汇总记录数	11448299	8983342	6517653
	机器描述	IBM824（AIX7.1）	HP380（RH6.8）	HP380（RH6.8）
测试结果	增量同步耗时	6 分 19 秒	4 分 15 秒	3 分 57 秒
	单客户平均耗时（微秒）	33.1	28.4	36.3

基于区块链技术的场外交易及监管应用研究 [*]

1 综述

1.1 区块链简介

1.1.1 区块链的十年

2008 年 11 月,中本聪发表了一篇关于比特币的论文——《比特币:一种点对点式的电子现金系统》,比特币诞生(Satoshi,2008)。经过几年的发展,人们发现作为比特币底层架构基础的区块链技术潜力巨大。2013 年,时年 19 岁的俄罗斯裔加拿大天才维塔利克·布特林(Vitalik Buteri)基于比特币的灵感启发,推出了一个图灵完备的智能合约系统——以太坊,将区块链技术推上了浪潮之巅。

区块链本质上是一个去中心化的分布式数据库,它集成了分布式存储、P2P网络、加密算法、共识机制等多种计算机技术,并开创了一种新型应用模式。如图1 所示为区块链技术发展历程的三个阶段:区块链 1.0、区块链 2.0、区块链 3.0。目前区块链技术广为认可的是处于 2.0 的初期阶段。

(1) 区块链 1.0 阶段。

即以比特币为代表的加密货币时代。人们更多关注的是建立在区块链技术

---

* 本课题由上交所、国泰君安、现在支付、秘猿科技共同完成。其中国泰君安负责场外交易业务逻辑设计、系统前端页面及链下功能设计和开发;现在支付负责课题的产品设计、系统架构设计以及链上功能开发;秘猿科技负责基于 SGX 的隐私保护方案设计和开发。团队成员包括:朱立、牛壮、吴鑫涛、陈杰、杨晨旭;袁海杰、段焱明、赵琪、周亮、刘雨、武立柱、何艳;张亚宁、李华丰、马宇峰等。

上的虚拟货币的"价值"以及"挖矿",该阶段基于区块链技术形成了许多去中心化的数字货币系统,典型的有比特币、莱特币等。

（2）区块链 2.0 阶段。

即以智能合约为典型技术特征的区块链技术应用时代。由比特币引申而来的区块链技术优势逐渐显现,通过在底层区块链上运行可编程的、模块化的、自动执行的智能合约,出现了众多金融应用创新,典型应用领域有金融交易、智能资产等。

（3）区块链 3.0 阶段。

即信用社会时代。该阶段区块链技术将突破金融领域,进而应用到全社会的方方面面。随着区块链技术的愈发成熟,它有可能重塑全行业的价值传输体系。

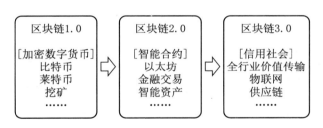

图 1　区块链技术发展历程

1.1.2　区块链的核心技术

从数据结构上看,区块链技术是一个单向链表,其链接指针是利用了密码学上不可逆的哈希散列函数对区块头进行处理所产生的哈希值。从组织架构上看,区块链是一个由点对点网络组成的分布式数据库,每个节点通过共识算法共同维护了全网一致的分布式记账本。广义来讲,区块链技术是利用分布式节点共识算法来生成和更新数据、利用密码学的方式来保证数据传输和访问的安全、利用由自动化脚本代码组成的智能合约来编程和操作数据的一种全新的分布式基础架构与计算范式(朱立、李启雷、邱炜伟,2017)。

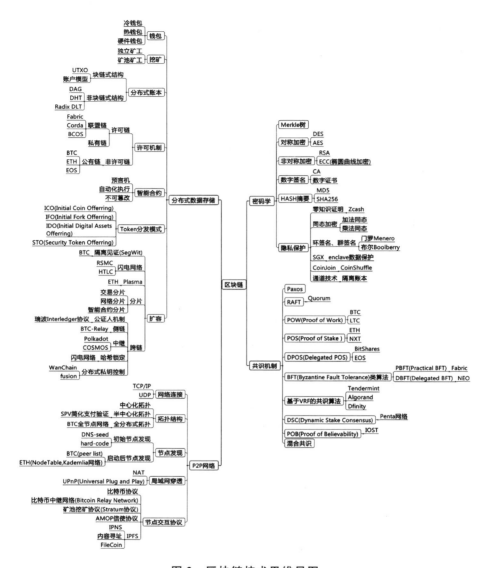

图 2   区块链技术思维导图

按照区块链类型划分,区块链系统可分为公有链、联盟链以及私有链。公有链准入门槛低,任何人都可以参与交易的确认以及区块的共识,链上数据公开透明,是真正意义上的去中心化系统,但公有链普遍存在安全问题以及效率低等缺陷。联盟链由若干机构共同参与构建管理,数据仅在联盟内部共享,相比公有链具有更高的效率以及可扩展性,但相应的去中心化程度存在一定弱化。私有链通常在组织机构内部构建,利用区块链的分布式共识、点对点传输等特点能极大地增加组织内部的协作效率,但是缺乏实际使用价值。

（1）密码学。

现代密码学技术是构建区块链系统的基础,区块链中的分布式存储、点对点传输、共识机制、加密算法等都依赖于密码学及相关的安全技术。对称加密算法的加密和解密过程使用相同的密钥,主要包含 DES、AES、IDEA 等算法,加解密效率和加密强度都很高,适用于数据量大的加解密过程。非对称加密算法加密和解密过程使用不同密钥,分别称为公钥和私钥,公钥可公开供他人获取,私钥为个人持有,主要包含 RSA、SM2、ECC 等算法,可用于不安全通道下的加密传输、签名、密钥协商等场景。消息验证码是一种与密钥相关联的单向散列函数,可用于验证数据的完整性和真实性。数字签名技术基于非对称加密,发送方使用私钥进行签名并附着于传输数据,接收方使用发送方公钥解密读取,可以验证数字内容的完整性,也可以用来识别发送方身份。哈希摘要算法能将任意长度的二进制明文串映射为较短的二进制加密串,加密串通常为固定长度,主要包含 MD5、SHA 等算法。

（2）共识算法。

表 1 对比了几种当前主流的区块链平台及其具有的技术特点。时至今日,POW 仍是最主流的共识算法,其去中心化程度最高,出块的概率完全由哈希算力决定,缺点是浪费电力。后来提出的 POS（权益证明）、DPOS（委托权益证明）、PBFT（实用拜占庭容错）等算法在提高区块链性能及安全性的同时,都在一定程度上牺牲了去中心化特性。基于 VRF 的 Algorand、Dfinity、Ouroboros Praos 等技术,通过动态决定出块节点的方式,致力于提升区块链平台的安全性及去中心化能力。共识算法发展的瓶颈本质上还是会面临"区块链不可能铁三角"问题——即去中心化、安全性、扩展性之间的矛盾（朱立,2018）。

表 1　区块链平台技术对比表

名　称	类　型	共识算法	TPS	技术特点
BTC	公有链	POW	7	• UTXO 模型、Merkle 树、闪电网络
ETH	公有链	POS	30	• EVM、智能合约、gas、账户模型、Plasma
Fabric	联盟链	Kafka	300—500	• ChainCode、可插拔组件（共识算法、存储结构）、通道技术
BCOS	联盟链	并行 PBFT 标准 RAFT	单链 1 000	• 多链并行、可插拔组件、AMOP 信使协议、零知识证明、环签名、群签名、同态加密
Corda	联盟链	公证人模式	无法给出	• 无中心数据库技术、共识模块可插拔、网络地图、Enclave 数据保护
CITA	联盟链	CITA-BFT	15 000＋	• 微服务架构、组件可插拔、易于水平扩展 • 采用深度改造和优化的 CITA-BFT 算法，在安全的基础上实现了极高的吞吐量

图 3　维塔利克提出的区块链三元悖论

（3）智能合约。

智能合约技术作为区块链 2.0 时代的代表技术，极大地提高了区块链的自动化和可编程能力。如图 4 所示，智能合约本质上是一段存储在区块链上的可执行代码，具有合约状态、合约值等自身属性，通过预置的触发条件触发预置的响应规则。

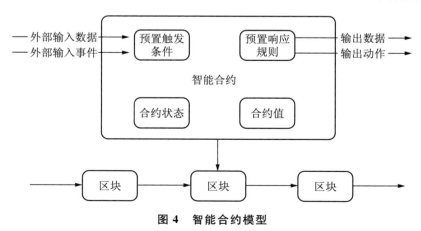

图 4　智能合约模型

1.1.3　区块链在金融行业应用研究现状

近年来,区块链技术越来越受到金融行业关注。国外方面,金融机构主要关注的是区块链在股票交易、衍生品、清结算等领域的应用。纳斯达克早在 2015 年就开发出了基于区块链的股权交易平台 Linq,并且已完成了第一笔私募股权交易。2016 年 4 月,美国存管信托和结算公司(DTCC)宣布将使用区块链技术作为核心基础设施来管理和处理价值高达 11 万亿美元的信用衍生产品——信用违约互换(CDS)。2016 年 11 月,德意志证券交易所开发出了可用于转移电子证券和数字货币的区块链原型产品,并完成了区块链证券结算的测试。

国内方面,中国人民银行数字货币研究所自 2017 年正式成立以来,一直在推动法定数字货币的研发工作,至今已申请近 50 项数字货币相关专利。2018 年 1 月,央行推动的基于区块链技术的数字票据交易成功上线试运行,同年 9 月央行推动的湾区贸易金融区块链平台在深圳成功上线试运行(中国人民银行,2018)。上交所、深交所均积极以金融科技课题的方式,围绕监管、ABS、存证等方向对区块链进行深入研究。

类别组织	纳斯达克	纽约证券交易所	伦敦证券交易所	澳大利亚证券交易所	加拿大证券交易所	德意志证券交易所	日本证券交易所	国际证券监会组织(IOSCO)	世界证券交易所联合会(WFE)	中国证券业协会	上交所	深交所	港交所
股票交易	√	√	√	√	√	√	√	√	√				√
债券	√		√		√			√	√				
基金	√	√			√					√			
清结算	√			√			√			√			√
区域股权	√									√		√	
反洗钱	√							√	√				
场外交易										√			
监管体系										√	√		
ABS										√	√		
存证										√	√		
高性能联盟链										√			

图 5　世界主要证券交易所的区块链研究现状

区块链与 ABS　资产证券化（ABS），是指以基础资产未来所产生的现金流为偿付支持，通过结构化设计进行信用增级，在此基础上发行资产支持证券的过程。ABS业务由于涉及的业务参与方众多，包括原始权益人、计划管理人、托管银行、登记机构、司法机构、监管机构等，使得业务流程长、协作效率低。另一方面，底层资产经过复杂的交易结构设计，经过层层包装，使得其透明性差，资产的真实性和质量无法保证，隐藏了巨大的信用风险。以上痛点正好与区块链分布式账本、公开透明、不可篡改等特性相契合，使得国内包括申万宏源、天风证券、国泰君安、广发证券等的多家券商均在此领域进行创新性研究。

区块链与存证　存证，即存在性证明（proof of existence），指的是证实特定数据必然在某个特定时间是存在的，其主要包含了时间戳和不可篡改两方面。区块链每个区块自带时间戳和不可篡改的特性刚好与之契合。目前存证被认为是区块链最容易落地的应用场景。2018年6月28日，全国首例区块链存证案在杭州互联网法院一审宣判，法院对原告采用区块链作为存证的方式予以支持。9月6日，最高人民法院发布了《最高人民法院关于互联网法院审理案件若干问题的规定》，认可了区块链固定证据的"真实性"。

1.2　场外交易简介

1.2.1　场外交易业务简介

场外交易市场（over the counter markets，OTC），又称柜台市场、店头市场，指在证券交易所以外的为满足特定融资主体的融资需求和投资主体的流动性需要，并根据一定的制度安排进行证券发行与证券买卖活动的所有证券交易市场的通称。目前世界上，较为知名的场外交易市场有美国的纳斯达克、场外行情公告板（OTCBB）、粉单市场（Pink Sheets），及欧洲的尤斯达克（EASDAQ）等。在美国，场外市场的规模要大于场内市场，且几乎任何证券都可以在场外市场进行交易，主要分成三大类：权益类产品，包括股票、存托凭证、权益类基金等；固定收益类产品，包括理财产品、货币、大宗商品等；金融衍生产品，包括期货、期权、互换等。场外市场与场内市场具有的主要区别见表2。

表 2　场内市场和场外市场的主要区别

	场内市场	场外市场
产　　品	标准化、结构简单	非标准化、结构复杂
交易方式	集中平台交易	分散、协议方式
担保机制	履约担保	信用担保或保证金担保
定价方式	市场竞价、容易定价	协商价格、较难定价
监管制度	严格	宽松
风险管理	完整	不完整
违约风险	低	高
市场流动性	高	低
透明度	高	低

　　本章以在券商实际开展的两类典型业务，即场外期权和理财产品为业务载体，来深入探索区块链技术在场外交易及监管等方面的应用。下面将对场外期权和理财产品业务分别进行介绍。

1.2.2　场外期权业务简介

　　场外期权是指券商在集中交易场所以外，与符合条件的交易对手达成协议，由期权买方向期权卖方支付期权费，并获得选择在行权期以行权价向期权卖方购买或出售一定数量标的资产的一种场外交易形式。场外期权没有标准化的合约，属于机构之间的协议式期权，主要参与者为合格机构投资者。从 2016 年下半年开始，场外期权业务占比呈现上升趋势，目前已成为场外衍生品中的主力产品。如图 6 所示。

　　场外期权的基本种类包括看涨期权、看跌期权。其合约要素一般包括期权费、标的资产、执行价格、名义本金、合约起始日、合约结束日等。根据期权结构的不同，场外期权包括香草期权、单鲨型期权、价差期权、二元型期权等。根据期权履约方式的不同，又分为美式期权和欧式期权。

　　场外期权主要有三方面特点：一是个性定制，根据投资者定制符合其风险收益要求的产品，产品参数包括挂钩标的、名义本金、交易期限等个性化选择；二是

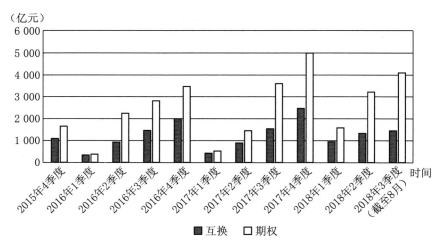

图 6　年度累计新增初始名义本金（中国）

资料来源：中国证券业协会。

场外协议，以签场外协议交易的方式开展业务，合约及产品结构更灵活；三是风险管理，期权可帮助投资者对冲已有头寸的风险，并在分享挂钩收益的同时锁定最大损失（期权费）。目前场外期权主要采用备案制来实现监管要求。

1.2.3　理财产品业务简介

理财产品，即由金融机构设计并发行的产品。其运作模式为金融机构向投资者出售产品，并将募集到的资金根据产品合同约定投入相关金融市场及购买相关金融产品，获取投资收益后，根据合同约定再分配给投资者。近几年，理财产品市场发展快速，其中 2015 年和 2016 年的增速分别约为 56％和 23％。截至 2017 年底总体体量已接近 30 万亿，理财产品数量达 9 万多只（银行业理财登记托管中心，2018）。

2018 年 4 月 27 日，央行、银保监会、证监会、外管局联合发布《关于规范金融机构资产管理业务的指导意见》，资管新规要求金融机构开展理财产品业务要"打破刚性兑付，不能承诺保本保收益"，同时将银行理财产品的认购起点降至 1 万元。资管新规的出台，一方面降低了投资者投资理财产品的资金门槛，规范了市场，利好市场长远发展。同时也使得客户对理财产品的流动性需求更加强烈，如200 人以下资管计划的转让，转让买方也需要满足资管新规合格投资者门槛，使

图7　银行理财资金余额（中国）

资料来源：银行业理财登记托管中心。

得转让范围进一步缩小。

1.3　隐私保护

1.3.1　隐私保护概述

万维网诞生之初基于 HTTP 协议，当时主要为了解决数据传输问题，数据传输内容是明文的，黑客可以通过抓包的方式窃取用户敏感信息，后来人们逐渐意识到数据传输安全的重要性，发明了基于 SSL 的 HTTPS 协议，对数据传输内容进行加密处理，保护了数据隐私性。类似地，中本聪设计比特币之初关注的重点是其点对点的支付功能，仅通过匿名地址的方式提供了简单的身份信息隐私，但是这远远是不够的，因为可以通过追踪和分析特定地址和交易模式甄别个人信息，将公开地址与背后拥有者的真实身份挂钩。

2018 年脸书（Facebook）用户数据泄露导致其股票大跌 7％。2018 年 5 月，欧盟正式实施了《一般数据保护条例》，在全球范围内产生了广泛深刻的影响，为个人隐私保护树立了新标杆。隐私保护对金融企业尤其重要，交易双方的账户信息、交易内容、交易状态都需要隐私保护。未来若区块链技术在金融行业大规模落地应用，一些金融业务核心逻辑，例如量化交易策略、人工智能算法等都可能使用智能合约进行实现，而这些策略算法也需要予以隐私保护。另一方面，在考虑隐私保护的同时，又要考虑对监管部门穿透式可见，这是区块链技术在金融场景落地要解决的难点问题,也是本章重点论述的问题。

1.3.2   现有隐私方案

表 3   隐私保护技术

方　法	描　　　述	缺　　　点
通　　道	通过物理隔离、逻辑通道等实现不同业务方互不可见	通道内隐私难以保证
部分明文	敏感信息链下存储,链上仅存储指纹或密文信息	链上无法处理非明文数据
隐形地址	每次交易都用生成的地址,外部只能看到新生成的地址	输入输出关联性,交易双方无法匿名
环签名	通过对外混淆环内公私钥信息来隐藏交易发送方的身份信息	签名人可以诬陷群中的其他非真实签名人
CoinJoin	多输入多输出交易方式,多笔交易混合一起发送,无法追踪来源	无法保证所有参与方守信
同态加密	先运算后加密和先加密后运算结果相同	性能差,全同态几乎不可能
零知识证明	无需知道真实信息,即能验证某论断是否正确	生成证明非常复杂,不适合逻辑复杂的金融场景,难以工程应用
MimbleWimble	一种改进比特币交易隐私的技术,可以隐藏交易双方地址和金额	可用于加密货币,尚不足以支持复杂的金融资产交易
SGX	物理隔离,CPU 内置的可信任执行环境	技术较难实现

通过表 3,我们可以看到现有的主流隐私保护技术。下面就较为常见的同态加密和零知识证明进行介绍。

1. 同态加密

同态加密的概念来源于 1978 年 Rivest 等人在研究保密数据库的应用场景时提出的隐私同态的概念(Rivest,Adleman and Dertouzos,1978)。同态加密指的是用户直接对密文进行特定的代数运算,得到的密文与对明文进行同样代数运算的结果加密后的密文相同。我们按照可对密文进行同态加密的代数运算类型将同态加密分为:加法同态加密、乘法同态加密、类同态加密(somewhat homomorphic encryption)和全同态加密(fully homomorphic encryption)。分别定义如下：

设明文空间为 P，密文空间为 C，加密算法 E：$P \rightarrow C$，则：

● 加法同态加密：设 x，$y \in P$，在密文空间上存在有效运算 $\oplus$，使得 $E(x) \oplus E(y) = E(x+y)$，则称加密算法 E 是加法同态加密。

● 乘法同态加密：设 x，$y \in P$，在密文空间上存在有效运算 $\otimes$，使得 $E(x) \otimes E(y) = E(x \times y)$，则称加密算法 E 是乘法同态加密。

● 类同态加密：若加密算法能够支持有限次数的加法同态和乘法同态运算，则称为类同态加密。

● 全同态加密：若加密算法能够支持任意次数的加法同态和乘法同态运算，则称为全同态加密。

（1）经典的同态加密算法。

同态加密被提出至今已经发展了近 40 年，引起了学术界的广泛关注，并且取得了一系列的成果。第一个公钥密码算法——RSA 算法（Rivest，Shamir and Adleman，1978）和 Elgmal 加密算法（El-Gamal，1985）都具有乘法同态的性质。Paillier 算法（Paillier，1999）具有加法同态的性质。Boneh 等人在 2005 年的理论密码学会议上，给出了第一个类同态加密算法（Boneh，Goh and Nissim，2005），该算法允许进行任意次的加法运算和一次乘法运算仍然保持同态。直到 2009 年，IBM 研究员 Gentry 给出了基于理想格的全同态加密方案（Gentry，2009），这是第一个真正意义上的全同态加密方案。接下来本章将介绍三个经典的同态加密算法：RSA 算法、Paillier 算法和 Gentry 算法。

（2）RSA 算法。

RSA 算法是第一个公钥密码算法，也是密码学界研究最广泛的公钥算法，其诞生至今已有 40 年的历史，目前已经十分成熟，具体算法如下：

KeyGen：

① 选择大素数 p，q，计算 $n = p * q$；

② 计算欧拉值 $\phi(n) = (p-1)(q-1)$；

③ 选择一个 e 满足 $\gcd(e, \phi(N)) = 1$；

④ 选择 d 使得 $d*e=1\bmod \phi(n)$；

⑤ 公开参数为 n，公钥为 d，私钥为 e。

Enc：设对明文 m 用公钥 e 进行加密，得到密文 c，过程如下：

$$c=m^e \bmod n$$

Dec：对上一步骤的密文 c 用私钥 d 解密恢复出 m，过程如下：

$$m=c^d=m^{ed} \bmod n$$

RSA 算法的乘法同态证明如下：

设任意明文 m_1，m_2 所对应的加密密文为 $c_1=m_1^e \bmod n$，$c_2=m_2^e \bmod n$，密文相乘：$c_1*c_2=m_1^e*m_2^e \bmod n$。对明文相乘再加密后：$Enc(m_1*m_2)=(m_1*m_2)^e$ $=m_1^e*m_2^e \bmod n$。所以：$Enc(m_1*m_2)=Enc(m_1)*Enc(m_2)$。

综上所述，RSA 算法具有乘法同态的特性。

（3）Paillier 算法。

Paillier 算法能够进行任意多次的同态加法运算，具体算法如下：

KeyGen：

① 选择大素数 p，q，计算 $n=p*q$；

② 选择 $Z_{n^2}^*$ 的生成元 g；

③ $\lambda(n)=lcm(p-1,q-1)$；

④ 公开参数为 n，公钥为 g，私钥为 $\lambda(n)$。

Enc：设对明文 m 用公钥 g 进行加密，得到密文 c，过程如下：

① 选择随机数 $r\in Z_{N^2}^*$；

② $c=g^m r^n \bmod N^2$。

Dec：对上一步骤的密文 c 用私钥 $\lambda(n)$ 解密恢复出 m，过程如下：

① 设 $L(x)=(x-1)/N$；

② $m=L(c^{\lambda(N)} \bmod N^2)/L(g^{\lambda(N)} \bmod N^2)$。

Pailler 算法的加法同态证明：

设任意明文 m_1，m_2 所对应的加密密文为：

$$c_1=Enc(m_1)=g^{m_1} r_1^n \bmod N^2 , \quad c_2=Enc(m_2)=g^{m_2} r_2^n \bmod N^2$$

令：$Enc(m_1) \bigoplus Enc(m_2) = Enc(m_1)Enc(m_2)$，则：

$$Enc(m_1) \bigoplus Enc(m_2) = g^{m_1+m_2}(r_1 r_2)^N \bmod N^2 = Enc(m_1+m_2)$$

综上所述，Paillier 算法具有加法同态的特性。

（4）Gentry 算法。

Gentry 算法本质上是一种基于理想格陪集问题构造的层次型全同态加密方案。首先构造一个对称型类同态加密方案，满足低次密文多项式在计算时的同态性，再压缩解密电路 D（D 解密算法 Dec 的电路表示），降低解密过程中多项式次数，通过自举技术（Bootstrappaping），在不知道密钥的情况下更新密文，从而减少扰动，实现全同态加密。Gentry 算法一经提出就得到了密码学界的高度重视，这种新的全同态加密方案的理论意义无疑是非常重大的，然而要将其应用到实际中还有许多困难需要克服（李顺东、窦家维、王道顺，2015）。

直到 2009 年，IBM 研究员 Gentry 给出了基于理想格的全同态加密方案，这是第一个真正意义上的全同态加密方案（Gentry，2009）。随后，在 2010 年 Dijk、Gentry、Halevi 和 Vaikuntanathan 等人提出了基于整数环上的 DGHV 算法（Van Dijk，Gentry and Halevi，2010），但是，如表 4 所示（陆思奇、王绍峰、韩旭、程庆丰，2016），到目前为止全通加密算法的效率依然低下，远未达到使用标准。

表 4　全通加密算法对比

算法体制	存储空间	算法运行时间（λ 为安全参数）
Gentry 体制	公钥大小达 2.3GB	$O(\lambda^{3.5})$
DGHV 体制	公钥大小 802MB	$O(\lambda^{3.5})$

2. 零知识证明

零知识证明的概念是在 1988 年由 Goldwasser 等人（Goldwasser，1988）首次提出。本质上来说，零知识证明是一种协议，这种协议有证明者和参与者两个参与方，证明者试图向验证者证明某个论断是正确的，却不向验证者泄露任何有用信息。Goldwasser 等人提出的零知识证明是交互的，证明者和验证者之间必须进行交互才能够实现零知识性。1989 年，Blum 等人（Blum，Feldman and Micali，

1989)通过利用一个被称为公告参考串的短随机串来替代交互实现了零知识证明,这种零知识证明被称为非交互零知识证明,这种证明是非交互的、单向的,即证明者和验证者在证明阶段无需进行交互就能实现零知识性。非交互零知识证明比交互式零知识证明应用范围更为广泛(冯登国,1996),因此大大地扩充了零知识证明思想的应用。在区块链领域,ZCash(Sasson, Chiesa, Garman C et al.,2014)就采用了 zkSNARK(zero knowledge succinct non-interactive arguments of knowledge)的非交互零知识证明来保护用户隐私。

ZCash 中使用的 zkSNARK 是基于二次算数问题(Gennaro, Gentry, Parno et al.,2013)(quadratic arithmetic problem,QAP)构造的。二次算数问题是一个 NP 问题,在 P$\neq$NP 的假定下,暴露破解一个输入量很大的 NP 完全问题在计算上是不可行的,而验证 NP 困难问题的一个解则比较容易。在 zkSNARK 中,当证明者向验证者证明自己知道某个知识时,需要构造与证明内容对应的 NP 困难问题。比如当证明者向验证者证明自己知道一个高次方程 $f(x)=0$ 的一个解 k 时,则 $x=k$ 就是证明者知道的知识,问题是高次方程 $f(x)=0$,证明者和验证者基于该方程可得到同一个 NP 困难问题。当证明者知道某个知识时可以方便地构造对应的 NP 困难问题的解,而知道 NP 困难问题的解却不能反推出对应的知识,因此只有知道所需知识的人才能提供相应的证明。

在 ZCash 中使用 zkSNARK 构造了去中心化的混币池,通过铸币(mint)和浇铸(pour)来保证用户的匿名性。当用户想要花费一笔钱时,先来构造等值的承诺(commitment),并将承诺写入一个列表(这个过程称为铸币),其中承诺是通过用户的私钥和一个一次性的序号计算得到的,具有不可逆的性质,即知道承诺不可反推用户私钥和一次性序号;然后用户需要给出序号,并且利用 zkSNARK 证明自己知道该承诺的用户私钥,这样就可以在不暴露身份的情况下花出这笔钱。然而,这样做的话发送方可以通过序列号来判断接收方正在花钱。为了解决这一问题,ZCash 中通过使用浇铸来花钱,浇铸指的是通过一系列零知识证明将一个币铸造成多个等值的新币,每个新币都有自己的密钥、面值、序列号等,并且需要接收者的私钥才可以算出全部信息,除了发送者外,没有人知道接收者是谁,而发送者也不能算出新币的序列号,因此也就不知道接收者何时花钱,从而解决了这一问题。

虽然 zkSNARK 具有很强的隐私保护特性,但是该方案需要可信的初始化操作(Bensasson, Chiesa, Tromer et al., 2014),因此存在一定的风险。此外,zk-SNARK 的效率比较低,虽然验证证明的时间可以达到微秒级,但是生成证明的时间是分钟级的(张宪、蒋钰钊、闫莺,2017),因此不能满足高吞吐量的需求。

1.3.3　基于 SGX 的隐私保护技术

SGX 是一项新的隐私保护技术,通过计算机的核心处理器 CPU 来构建可信执行环境 TEE,SGX 可以将智能合约中的关键操作封装到 Enclave 中,即便是操作系统或者 VMM(Hypervisor)也无法影响 Enclave 里面的代码和数据。Enclave 的安全边界只包含 CPU 和它自身,极大地保证了数据的安全性。

结合本章的实际业务需求,既要实现隐私数据的安全保护,又要实现其对监管方穿透式可见,上述介绍的同态加密和零知识证明均难以满足。本章在隐私安全、性能、可行性等方面做了综合考量后,选择使用 SGX 技术来实现课题需求。主要做法是,在区块链启动时,所有节点均使用 SGX 的远程可信认证来证明自己的身份,同时监管节点将公私钥安全地分发到所有节点的 SGX 中。用户需要持有一个对称密钥,并用监管方分发的公钥加密存储在区块链上。当发生交易时,交易隐私数据会被用户对称密钥加密,然后连同链上加密数据一起被区块链传入 SGX,并被 SGX 中由监管分发的私钥解密并计算,从而同时实现了数据隐私性和监管穿透性。

基于 SGX 的隐私保护技术与传统隐私保护方案相比有多方面优势。一是效率更优。SGX 技术相对于全同态和零知识证明具有更高的效率,这是因为 SGX 是 CPU 内置的可信任执行环境,应用程序可以毫秒级完成计算操作。二是支持穿透式监管。通过 SGX 提供的可信认证机制,所有节点的 SGX 使用的公私钥都是由监管方分发,从而实现监管方的穿透式可见。三是灵活性更高。SGX 方案相对于其他隐私保护方案,架构简洁、性能更优、对存储空间要求更低,具有更高的灵活性。具体内容将在第 3 节介绍。

1.4　研究方向

本章的应用研究方向主要包括两个方面:

(1) 搭建 CITA 联盟链平台,并使用智能合约技术实现场外交易系统的应用原型,同时对监管体系进行探索。本章将智能合约技术运用到实际的场外交易业务系统中,以实现场外期权和理财产品两个具体业务功能;同时利用区块链和智能合约技术,构建事前预防、事中监测、事后追查的多维度监管体系。

(2)使用SGX可信执行环境技术,实现交易数据的隐私性和监管的透视性。利用SGX可信执行环境技术,在实现交易数据的隐私性同时,也实现监管方对所有信息的穿透式可见,保障区块链的隐私性和安全性。

本章并非以生产级系统为目的,而是通过开发核心原型系统验证本章的研究目标。为了充分验证智能合约的自动执行特性,而不受现有中心化系统影响,本系统假设了央行法定数字货币,并以虚拟的法币资产为课题业务逻辑支付和结算工具,该资产仅在课题搭建的联盟链实验环境内部流转,无法与外部支付打通,不具备任何实际价值。

2　基于区块链的场外交易系统 *

2.1　系统功能简介

2.1.1　系统功能架构图

券商OTC柜台市场开展的场外业务主要包括了场外衍生品和理财产品两大业务。其中场外衍生品包括了场外期权、互换、CDS等,其主要流程类似。本章选取了市场规模较大的场外期权为具体研究对象。理财产品包括了:固定收益类产品,具体有银行理财、收益凭证、信托等;非固定收益类产品,包括公募基金、私募基金、资管计划等。本章选取了固定收益类理财产品为具体研究对象。

系统的用户主要包括三类角色:

(1)券商或产品发行方:系统可为多家金融机构服务,机构通过准入后,可以在系统中作为交易参与方,进行场外期权新增、查询、期权收益兑付等业务操作以及理财产品的新增、查询、认购、清盘兑付等操作。

(2)合格投资者:投资者通过券商进行适当性准入后,可以参与系统相关业

---

　　* 本节由袁海杰、段焱明、赵琪、周亮、刘雨、武立柱共同撰写。

务,包括作为交易对手方,购买场外期权及认购理财产品,同时不同投资者间可以进行机构内或跨机构金融资产转让。

(3)监管:监管者角色可以是交易所、协会、证监会,主要负责对全市场场外交易业务进行事前预防、事中监测、事后追查的全方位监管,具体包括市场监控指标设置、市场业务数据查询、溯源分析等。

在实际金融业务场景中,需要对业务参与者的交易数据信息进行隐私保护。这些信息仅能对业务参与方及监管机构可见,不能对非业务相关方可见。关于隐私保护功能,将在第3节中具体介绍。

图 8 是场外交易系统功能架构图。其中虚线框表示由于功能类似而未实际开发部分,实线部分表示已经在课题原型系统完成开发的部分。

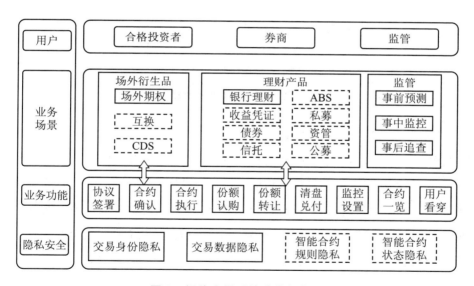

图 8　场外交易系统功能架构图

2.1.2　场外期权的主要流程

场外期权的主要流程包括合约建立、签署协议、签订交易确认书、提前行权等。合约建立即在券商完成投资者适当性准入后,为投资者量身定制期权合约。签署协议指的是《SAC 主协议》《SAC 补充协议》《履约保障协议》这三份协议的签署,同一个投资者购买不同期权合约,仅需要签署一次协议即可。签订交易确认书即券商与交易对手方签署《交易确认书》《合规交易承诺函》等完成交易确认,同时会判断交易资格和可用资金情况,以及簿记合约信息等。提前行权即交易对手方可申请提前终止,券商确认可提前终止后根据最终对冲交易价格生成结算通知书送达交易对手方。图 9 简单梳理了场外期权业务流程。

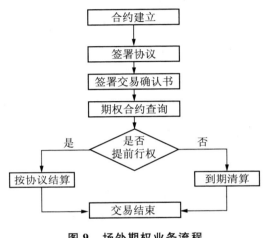

图 9　场外期权业务流程

2.1.3　理财产品的主要流程

理财产品的主要流程包括产品注册、产品认购、产品转让、清盘兑付等(如图 10 所示)。产品的注册主要由发行机构根据业务的设计,约定产品的收益率、期限等主要属性。产品的认购指的是投资者认购已经发行注册的产品。为了增加产品的流动性,投资者认购产品后,可以在到期前进行转让,从而获得现金流。产品到期后,发行机构需按照约定的收益率向产品持有者划付本金和收益。

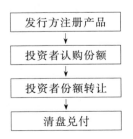

图 10　理财产品主要流程图

2.2　系统优势分析

本部分主要分析了现有场外业务开展现状,指出其业务开展过程中遇到的痛点问题,并将传统中心化系统与区块链技术进行对比,从而分析区块链技术带来的优势。

（1）有助于提高清算效率,增强产品流动性。

目前券商理财产品业务越来越受到投资者青睐,尤其在股市行情相对低迷的时期,购买理财产品成为了投资者资产保值增值的首选。以某券商为例,其柜台代销的和自有的理财产品包括收益凭证、资管计划、公私募基金、银行理财、信托等,2017 年产品销量相对于 2016 年增长 430％。虽然场外业务的产品规模和业务不断在快速发展,但也遇到了一系列问题。

一是理财产品份额确认,赎回等流程确认时间较长。以某券商代销某银行理财产品为例,客户在 T 日申购起始日进行申购下单和冻结资金后,由于银行端会同时向多家代销机构销售份额,等待代销机构进行资金募集。当所有代销机构都返回销售数据后银行端再进行统一的 TA 确认,这个过程最长需要 T＋4 日,故客户需要等到 T＋5 日收益起息日才能真正看到份额并显示收益,客户的资金被冻结最长达 5 个工作日。资金冻结期间,客户、代销机构、发行方都无法使用资金,资金利用效率低下。另外,由于各个代销机构均独立维护账本,并不知晓发行机构是否已达到申购上限,故还有可能发生申购份额超额的情况,该情况下可能需要进行手工记账,将申购时间最晚的客户申请设置为申购失败,客户体验较差。

二是理财产品缺乏流动性。流动性是影响客户购买理财产品的一个重要指标,目前部分券商的客户购买理财产品后必须一直持有到产品到期日,期间无法进行转让或变现。一些头部券商通过搭建 OTC 柜台市场,支持券商内客户进行理财产品转让。客户首先要填写转让要素将所持有的产品在转让市场挂单,柜台系统先冻结客户产品份额,然后将卖出请求发送至撮合系统,买家通过撮合系统发布的行情提交买入订单,柜台系统冻结买家账户资金并进行订单匹配,匹配成交后进行交易数据记录与更新。同样,转让生成的交易明细在交易后进行对账确认,并更新份额和账户数据。然而这种方式下,转让仍受限于柜台系统内,即券商自己的柜台客户群体间的小范围转让市场,无法进行机构间金融产品转让,限制了产品流动性。

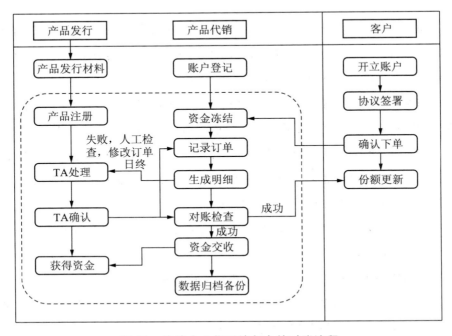

图 11   传统中心化系统复杂的对账流程

这些问题出现的根本原因是集中心化模式下,所有交易围绕中心化的中介系统展开,当结算涉及主体较多,周期较长时需要进行复杂的对账操作来保证数据的一致性。根据某券商 OTC 柜台市场系统实际运行情况,每日日终进行机构内产品清结算的时间大概在 1.5—2 小时左右。在此期间,系统需要暂停对外使用,影响了用户体验。同时,在清结算过程中,一般涉及资金冻结、订单汇总、TA 对账、资金交收、数据归档、手工录入清盘方案等批量处理操作,操作风险大,一旦发生错误,还需要进行人为干预,这进一步降低了清结算效率。若为了增强产品流动性,进行机构间转让产品业务,还会出现更多的资金流动路线,增加了交收复杂度和违约风险。例如发行机构 A 同时向代销机构 B 和 C 发行产品,机构 B 和 C 所属客户可进行跨机构的转让产品,这时候 B 和 C 就需要进行对账。如果有 n 个代销方,任何两个代销方间都需要进行对账,总的交收路径最多会达到 $n\times(n-1)/2$ 条(蒋荣,2018)。

本章通过支持产品发行方直接在区块链上发行金融资产 Token 来代表理财产品,使得所有参与方共享同样的账本,同时利用数字签名、时间戳等特性保证了账本的不可篡改性和不可伪造性。由于每次交易都经过了客户私钥签名验证,同时通过共识机制维护了联盟链所有节点的数据一致性,使得交易后无需再进行复杂的对账流程,实现"交易即结算"的特性。

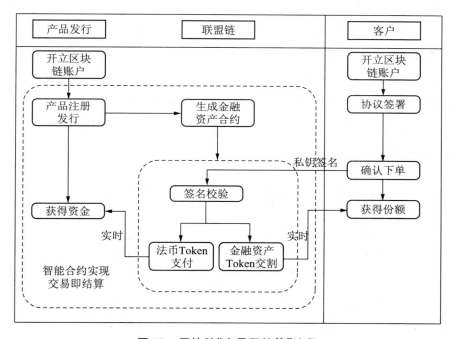

图 12　区块链"交易即结算"流程

以理财产品认购为例。产品发行方通过准入后开设账号,并根据发行材料可以在区块链上注册发行产品,此时区块链上会生成金融资产合约。客户完成产品浏览、协议签署后,即可输入购买份额进行下单,此时需要客户输入密码并进行私钥签名,金融资产合约校验客户签名正确性后,即可将客户相应法币 Token 转移给产品发行方,同时将相应的金融资产 Token 转移给客户,产品发行方实时获得了资金,而客户实时获得了产品份额。

与传统的认购先在代销机构本地数据库中修改数据,然后再去发行机构进行对账相比,使用区块链"交易即结算"的方式,将机构内对账由 1.5—2 小时变成了实时确认,将机构间对账由最长 T＋5 个工作日变成了实时确认,这极大地提高了清算效率,降低了交易后成本,增强了产品流动性。

（2）有助于构建多层次监管体系,促进监管模式创新。

由于场外业务具有分散化的特点,目前场外业务的监管和风险防控主要依据《场外证券业务备案管理办法》,采用信息备案和现场检查的方式进行。以场外期权为例,该业务开展的每一步都需要在中证信息或者交易所备案,备案最长可能需要 T＋5 个工作日,监管无法实时掌握市场情况,往往等到事件已造成损失而进行被动处理。现场检查则耗时更久,从地方监管机构下发《现场检查通知书》到券商分支机构最终按要求反馈检查材料,一般需要 T＋7 个工作日或者更久。中间还存在大量的线下、纸质、邮件的交互过程,而且可能存在数据篡改、合同虚假签署、文件遗漏等问题。究其根本,是因为监管部门目前无法实时获得交易数据而导致监管执行困难。

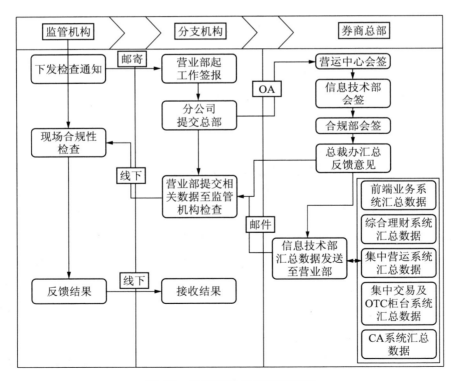

图 13　传统监管执行检查流程

本章通过搭建联盟链,设计了监管节点,监管节点能够实时、全面、安全地获取场外市场所有交易数据,进而构建事前预防、事中监测、事后追查的多维度监控体系,对市场进行全方位监管,切实保护投资者利益。

① 事前预防:通过智能合约,对市场规模等关键数据设置阈值,进行限额监管,当某一指标达到监控阈值时进行自动预警,必要情况下可强制阻断新业务生成。限额监管可分为三个级别,即业务级、标的级、投资者级。以标的级为例,监管方通过智能合约对某个具体的标的进行阈值设置,每当新的合约生成时,都会自动判断该标的市场累计规模,若已超过阈值,则自动阻止新的合约生成,并提示风险。

② 事中监测:由于监管者拥有监管节点,能穿透式地获取全市场所有数据,故可以利用大数据、人工智能等技术实时监测和分析市场数据,及时有效识别异常交易行为。结合本章 SGX 隐私保护方案,由于节点的公私钥均由监管节点进行分发,故监管节点可以实时生成和部署新的监管合约,当发生风险事件或发现

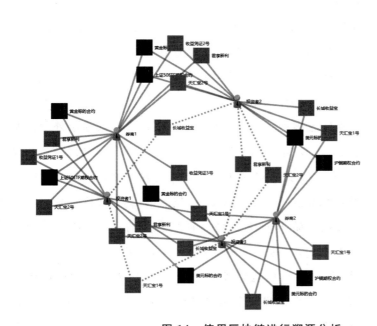

图 14　使用区块链进行溯源分析

违规行为时，直接中止相关交易的执行。

③ 事后追查：当风险不可避免地发生后，监管者可借助区块链可溯源、不可篡改等特性，对历史操作行为进行追溯，对场外业务生命周期流程进行分析，辅助监管人员迅速锁定关联合约及关联交易者，防范局部风险演化为系统性风险。期权合约或金融资产的交易双方，在发生交易后均会在系统中留下一条永久保存、不可篡改的交易记录，系统将提供交易关联关系查询功能，用于确认交易参与人间的关联关系。

（3）有助于提高客户隐私数据的安全性。

券商在开展场外业务过程中，会涉及大量的客户隐私数据。客户隐私数据一般包括客户开户信息、客户适当性信息、客户资产信息、客户订单交易信息、客户签署合同信息等。目前国内对于场外交易业务缺乏统一的交易市场，各券商发展水平不一，部分券商还停留在依靠电话、邮件、纸质合同等方式开展场外业务，使得敏感信息极易发生泄露。部分头部券商通过恒生等厂商支持，搭建了 OTC 柜台市场，通过权限控制和物理隔离实现了一定的数据隐私。但是，在传统中心化系统中，敏感信息仍然以明文的形式保存在中心化数据库。这显然是不够的：一方面，无法避免机构内部管理不完善导致的内部人员有意或无意泄密的风险；另一方面，黑客入侵、软件漏洞导致数据泄露的风险也时有发生。

此外，本章选取联盟链技术，隐私保护问题显得尤为重要。这是因为在联盟链框架下，所有成员节点共享了同样的账本数据，理论上任何成员都可以看到其他成员的交易情况，这在实际金融业务场景中是"不合理"的。例如在场外期权业务中，期权合约交易双方通过询价报价后会约定期权手续费、期权起始日期、期权结束日期、期权标的等详细信息，交易双方并不希望第三方知道它们之间的交易情况，因为这些信息涉及合约双方间的商业机密，一旦泄露，会直接影响到交易双方的商业利益。同样，在理财产品业务中，机构 A 所属客户的资产及产品持仓情况，并不应该能够让机构 B 看到，否则容易发生客户流失，引发不当竞争。

本章创新性地提出利用 SGX 可信执行环境技术，实现转账交易和账户信息的隐私性，同时实现监管方对所有信息的穿透式可见。这杜绝了机构内部、黑客入侵、软件漏洞导致信息泄露的可能，甚至连操作系统管理员都无法获得 SGX 中隐私数据,安全性极高。

2.3　系统架构简介

本章使用秘猿科技自主研发的 CITA 来搭建底层联盟链平台,并设计智能合约来实现场外期权合约、理财产品、监管体系等核心业务逻辑。通过智能合约技术,我们可以将传统场外交易的核心业务转换成区块链去中心化的应用,自动运行在区块链网络之上,这样既安全高效,又可满足关键业务的自动化执行。为了便于同区块链发行资产功能对应,下文将理财产品统一称为金融资产。

本应用系统采取前后端完全分离架构,整个系统在架构上分为前端服务、后端服务、智能合约以及区块链底层平台。每个部分的主要功能如图 15 所示。

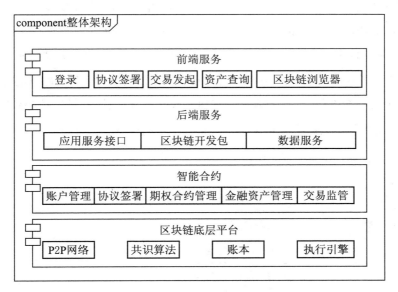

图 15　系统架构图

(1)前端服务:主要是提供用于客户访问的页面功能,包括登录、注册、业务处理、业务查询等。通过前端服务的包装,用户只需要关注业务本身,并不需要关系复杂的业务指令,提升用户的体验。

(2)后端服务:主要是为前端服务提供标准的服务接口,处理前端的业务请求,同时还为前端服务提供数据访问支撑。

（3）智能合约：主要承载场外交易的核心业务逻辑的实现，实现资产发行、购买、转让、兑付，以及期权的购买、行权等核心功能。

（4）区块链底层平台：主要提供场外交易业务运行的支撑，主要包含 P2P 网络、共识算法、虚拟机执行引擎等核心功能，实现智能合约的自动化执行以及数据账本的维护。

2.4　系统方案实现

2.4.1　前端服务

前端即网站前台部分，是运行在 PC 端、移动端等浏览器上展现给用户浏览的网页。前端技术一般分为前端设计和前端开发，前者一般可以理解为网站的视觉设计，后者则是网站的前台代码实现，包括基本的 HTML 和 CSS 以及 JavaScript/ajax，现在最新的高级版本为 HTML5、CSS3 以及 SVG 等。

本章采用的前端框架是 Vue.js，Vue 是一套构建用户界面的渐进式框架。与其他重量级框架不同的是，Vue 采用自底向上增量开发的设计。Vue 的核心库只关注视图层，且非常容易学习，非常容易与其他库或已有项目整合。另一方面，Vue 完全有能力驱动采用单文件组件和 Vue 生态系统支持的库开发的复杂单页应用。

```
.
├── README.md
├── build                   # build 脚本
├── config                  # prod/dev build config 文件
├── hera                    # 代码发布上线
├── index.html              # 最基础的网页
├── package.json
├── src                     # Vue.js 核心业务
│   ├── App.vue             # App Root Component
│   ├── api                 # 接入后端服务的基础 API
│   ├── assets              # 静态文件
│   ├── components          # 组件
│   ├── event-bus           # Event Bus 事件总线，类似 EventEmitter
│   ├── main.js             # Vue 入口文件
│   ├── router              # 路由
│   ├── service             # 服务
│   ├── store               # Vuex 状态管理
│   ├── util                # 通用 utility, directive, mixin 还有绑定到 Vue.prototype 的函数
│   └── view                # 各个页面
├── static                  # DevServer 静态文件
└── test                    # 测试
```

图 16　目录结构

从目录结构上，可以发现项目中没有后端代码，因为是纯前端工程，整个 git 仓库都是前端代码，包括后期发布上线都是前端项目独立上线。代码发布上线的时候会先进行编译，编译的结果是一个无任何依赖的 HTML 文件 index.html，然后把这个 index.html 发布到服务器上，在编译阶段所有的依赖，包括 CSS、JS、图片、字体等，都会自动上传至 CDN，最后生成一个无任何依赖的纯 HTML。

本章前端页面开发主要包括了登录功能开发、投资者端动态交互页面逻辑开发、券商端动态交互页面逻辑开发、监管功能页面逻辑开发等部分。

2.4.2　后端服务

（1）应用服务接口。

本章采用了完全的前后端分离架构模式，前后端通过定义好的基于 JSON 的标准化 RESTful 接口进行交互。通过标准的服务接口，可以方便地支持不同金融机构、不同类型客户端快速接入，具有极高的可扩展性。

目前提供的标准接口包括金融资产的发行、认购、转让，期权的发行、购买、行权，协议签署等功能。

（2）区块链开发包。

通常来说，直接访问区块链的链式数据是很困难的，需要掌握网络交互协议、密码学加密算法、数据库存储等技术，对于开发者而言极其复杂。因此在应用适配层上，CITA 区块链封装标准 RPC 服务，并提供 Java、Rust 等主流语言的标准开发包接入，方便用户访问区块链的数据。

智能合约数字化信息要存储在区块链才能被系统参与者使用。智能合约文件需要通过标准开发包提供的编译器编译成二进制流信息，再通过系统参与者私钥签发交易信息部署智能合约。

（3）数据服务。

区块链底层构建的分布式账本是数据的载体，所有数据记录在分布式账本上。目前智能合约使用 Solidity 语言开发，该语言对复杂数据结构特别是集合形式的数据支持较弱，难以实现金融资产列表、期权合约列表等业务需求。为了解决该问题，项目组使用实时消息消费模式对链上数据进行同步，存储到灵活的关系型数据库中，并以标准的 RESTful 接口对外提供高效的数据服务功能。

2.4.3   智能合约

区块链的应用核心在于智能合约设计开发上。下面将叙述场外交易系统中智能合约的实际运用,分三部分内容:

(1)智能合约结构:根据场外交易系统业务需求,建立业务模型,通过建模语言,设计智能合约基本结构以及智能合约之间关联关系。

(2)智能合约详解:详细描述智能合约在期权业务、金融资产业务的结构特点、设计模式以及交易流程。

(3)智能合约关键技术:重点描述智能合约模板、智能合约升级两项关键技术。智能合约模板描述在场外交易系统中,提出智能合约模板的必要性,其使用的设计模式、实现方法,以及系统中智能合约模板的应用案例。智能合约升级描述在联盟链中如何设计可升级的智能合约,以及升级智能合约的两种方案。

智能合约结构。本章采用智能合约模板技术实现,其核心合约为账户模板合约。由于系统每个用户均拥有三种类型账户,即用于记录法币资产的法币账户、用于记录期权资产的期权账户、用于记录金融资产的金融资产账户,其分别对应的智能合约为法币资产合约、期权合约、金融资产合约。另外,角色合约用于控制券商、投资者、监管的不同权限,合同协议合约用于控制和记录用户需要签署的协议,金融资产交换合约用于控制金融资产通证转让。整体 UML 结构如图 17 所示。

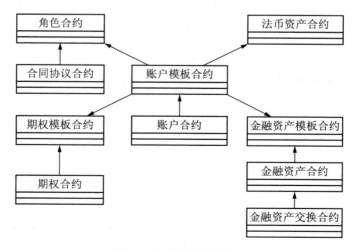

图 17   智能合约结构图

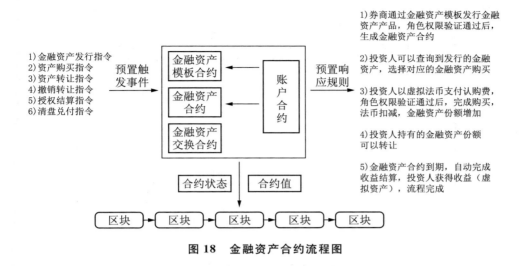

图 18　金融资产合约流程图

金融资产合约流程。在场外交易系统智能合约的设计中，法定数字货币以及理财产品类的金融资产都是以通证的形式存在于区块链网络中，交易过程就是资产交换的过程。场外交易系统设计了通用的资产交换协议，协议以智能合约的形式存储于区块链中，对所有的参与者都公开透明。在资产交换协议中，资产交换是通过授权转让的模式进行的。

当投资者发起认购时，会预先授权等价的法定数字货币给到中间人，然后券商可以从中间人获得这部分法定数字货币，同时转让金融资产给投资者。在这种模式下，整体流程的自主权掌握在投资者手中，交易风险低。其本质是利用区块链的信任机制，将信任关系由传统的金融机构转移到了自动执行的智能合约程序上，弱化了传统金融机构的中介和通道功能。

针对转让交易，其流程与上述流程类似，只是交易双方由券商对投资者变成投资者对投资者，授权的资产由法币资产变成投资者持有的金融资产。资产交换合约交易流程图如图 19 所示。

期权合约流程。在场外交易系统中，投资者需要先完成相关协议签署，系统将投资者和券商签订的合同协议加密后存储于合约中。不同的期权合约模板配置了不同的期权规则，从而支持生成不同类型的期权合约。期权合约不同于法定数字货币和金融资产，每一份期权合约具有唯一性，资产价值体现为持有者权利。

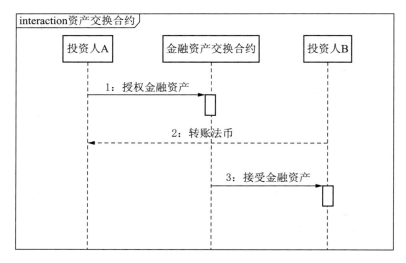

图19　金融资产交换合约流程图

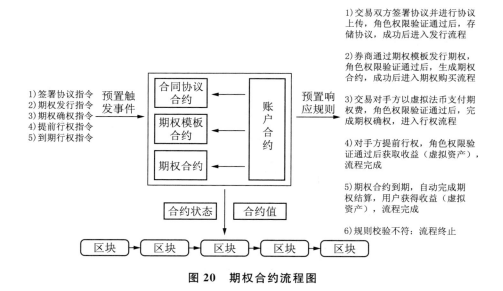

图20　期权合约流程图

期权规则以智能合约的形式存储在区块链中,对投资者及交易对手方公开透明。预置的触发规则包括协议签署指令、期权发行指令、期权确权指令、提前行权指令、到期行权指令等。需要注意的是,在计算期权收益时,传统做法是由对冲交易系统接收合约、了解指令后进行对冲交易,并生成结算通知书推送至交易对手方。而在本章中,为了充分验证智能合约自动执行的特性,简化了期权收益的计算过程。以香草型期权计算为例,可提前将某标的行情数据导入系统(可由历史行情模拟),期权收益公式为:期权收益＝(期末价－期初价)×承做数量。

● 智能合约关键技术。

(1) 智能合约模板。

传统的智能合约应用都是根据具体需求进行开发和部署的,智能合约代码和具体业务需求一一对应,可复用性不强。为了提高智能合约的可复用性,减少部署升级成本,可采用智能合约模板技术,将同类型的业务属性抽象出来,利用智能合约的继承特性,把公共属性放置在父合约中,通过父合约中的构建方法来构建子合约,同时把公共属性赋予给子合约。这样减少合约重复部署工作量,提高了智能合约的可扩展性,适应灵活多变的场外交易业务场景。

智能合约模板技术通过设计模式中的工厂模式实现,合约模板的结构关系参见图21所示。

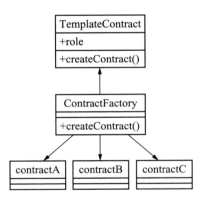

图 21　合约模板结构关系

工厂模式(factory pattern)是最常用的设计模式之一。在工厂模式中,我们在创建对象时不会对客户端暴露创建逻辑,而是通过使用一个共同的接口来指向新创建的对象。

在智能合约中,工厂合约用于创建和部署子合约。工厂合约存储子合约的地址,在需要时通过关键字提取使用。如图22所示。

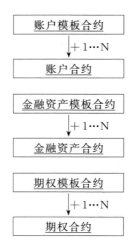

图22　场外交易系统工厂模型

（2）智能合约升级。

智能合约与传统应用程序有一个不同的地方在于智能合约一旦发布于区块链，就无法被篡改，即使智能合约中有漏洞需要修复或者业务逻辑变更，它也不能直接在原有的合约上直接修改。因此，在设计之初就需要结合业务场景考虑合理的升级机制。下面是一些最常见的创建可升级智能合约的方法。

① 代理模式。

代理模式是可实现升级智能合约最基础且最容易理解的技术之一。在这种技术当中，我们部署一个代理合约以及其他合约，其中代理合约负责存储所有其他合约的地址，并在需要时返回所需的地址。当这些合约需要和其他合约进行沟通时，它们会充当从合约，从代理合约那里获取其他合约的最新地址。为了升级智能合约，我们只需要在网络上部署它，并更改代理合约中的地址。但这种方案也有局限性，我们不能轻易地把合约的数据或资产迁移到新合约中。

② 控制器—数据模式。

从业务视角来看，智能合约只需要做两件事。其一是如何定义数据的结构和读写方式；其二是如何处理数据并对外提供服务接口。

为了更好地做好模块抽象和合约结构分层，将这两件事分开，即将业务控制逻辑和数据从合约代码层面做好分离，这个模式简称为控制器—数据（Controller-

Data)模式。我们将合约分为两类：控制器合约（Controller Contract）与数据合约（Data Contract）。

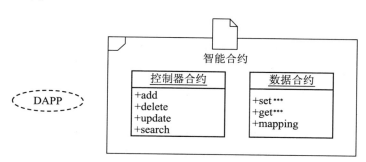

图 23　智能合约控制器—数据模型

控制器合约：通过访问数据合约获得数据，并对数据做逻辑处理，然后写回数据合约。它专注于对数据的逻辑处理和对外提供服务，一般情况下，控制器合约不需要存储任何数据，它完全依赖外部的输入来决定对数据合约的访问。控制器合约只需要存储固定的数据合约的地址。

数据合约：专注于数据结构定义与所存储数据的读写接口。为了达到数据统一访问管理和数据访问权限控制的目的，最好将数据读写接口只开放给对应的控制器合约，禁止其他方式的读写访问。

基于这个模式，遵循从上至下的分析方式，从对外提供的服务接口开始设计各类控制器合约，再逐步过渡到服务接口所需要的数据模型和存储方式，进而设计各类数据合约，可以较为快速地完成合约架构的设计，实现高度的解耦。当需要变更合约的业务逻辑时，可以升级控制器合约；当合约存储的数据结构需要扩展时，可以升级数据合约。升级策略可以交给业务方非常自由地选择，业务无感知，无需停止服务，可以达到业务逻辑和数据的灵活升级效果。

2.4.4　区块链核心

本部分对系统所使用的联盟链平台 CITA 进行简要介绍。CITA（Cryptape Inter-enterprise Trust Automation）是面向企业级应用的支持智能合约的联盟链框架，旨在为企业级区块链应用提供一个稳固、高效、灵活、可适应未来的运行平台。CITA 将区块链节点的必要功能解耦为六个微服务：RPC、Auth、Consensus、Chain、Executor、Network。各组件之间通过消息总线交换信息相互协作。通过配置和定制相应的服务，CITA 能够满足企业级用户的全部需求。CITA 架构设计图如图 24 所示。

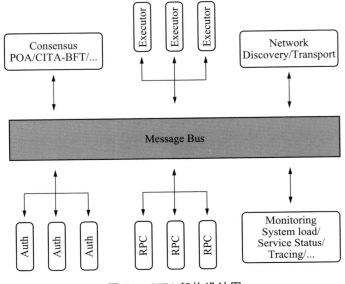

图 24　CITA 架构设计图

CITA 有如下特性：

● 水平扩展性。

在 CITA 的微服务架构中，"节点"是一个逻辑概念。它有可能是一台服务器（一台服务器上面运行一组微服务），也有可能是一组服务器组成的集群。同时 CITA 还支持部署在云服务器上，充分利用了各种服务器硬件来提升处理能力。

● 组件可插拔。

松耦合的微服务架构，便于各组件将来平滑迁移至更好的算法（比如新的共识算法）或者更好的技术方案（比如新的 DB 或者新的隐私方案）。这也有利于针对一些具体的业务场景，定制一些特定的功能。

● 高性能。

微服务架构将 Chain 与 Executor 独立出来，Executor 仅负责计算和执行交易，Chain 负责存储交易，使得计算和存储分离，极大地提高了交易处理能力。编程语言采用 Rust，Rust 强调并秉持零开销抽象的理念，在提供诸多高级语言特性的同时，没有引入额外的开销，性能可以媲美 C＋＋。

● 稳定可靠。

CITA 提供快照工具来对区块链的数据进行备份,可在较短时间内恢复链上数据。同时,Rust 借鉴了编程语言领域最新的研究成果,针对 C＋＋中最头疼的内存问题(内存泄漏、野指针)进行编译器静态检查。只要代码编译通过,就可以保证没有内存问题,可以大大提高应用运行阶段的可靠性。

● 兼容性。

CITA 支持使用 Solidity、Go 语言、Rust 开发智能合约,同时也支持以太坊的所有开发工具(Truffle、Zeppeling、Remix 等)。

2.5　系统方案实施

2.5.1　软硬件要求

整个平台由应用服务器和区块链网络共同搭建组成,相关的配置如下。

● 硬件环境。

区块链服务器:服务器 4 台,CPU 四核,内存 8G,硬盘 500G。

区块链应用服务器:服务器 4 台,CPU 双核,内存 4G,硬盘 200G。

数据库服务器:数据库 1 台,内存 8G,硬盘 500G。

● 软件环境。

服务器操作系统:Ubuntu 18.04。

数据库系统:Mysql 5.7。

Java 运行支持:Jdk 1.8。

Web 容器:Tomcat 8.0。

Docker:18.06。

Nginx:1.12.1。

2.5.2　平台搭建方案

(1) 应用部署方案。

应用服务采取前后端分离设计,前端项目编译成静态文件,然后通过 Nginx 反向代理提供服务,后端服务为 Java 服务,通过 Tomcat 容器对外提供 Web 服务,然后再结合 Nginx 的负载均衡来保证服务的高可用性。如图 25 所示。

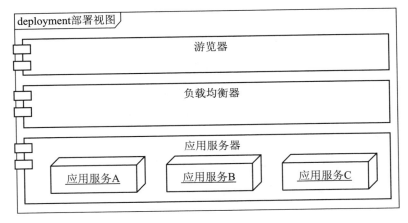

图 25 应用部署视图

（2）区块链部署方案。

整套的区块链网络由多个节点组成。目前采用的底层平台 CITA 的版本为 0.18，服务以 Docker 的形式来运行，节点和节点直接构建 P2P 网络进行通信，CITA 使用 BFT 共识算法，可允许网络中有拜占庭节点的存在。

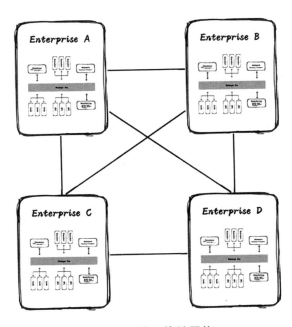

图 26 系统区块链网络

3　隐私保护技术 SGX 设计 *

3.1　SGX 原理简介

SGX 是软件保护扩展（Software Guard Extension）的缩写，是由英特尔（Intel）公司于 2013 年在 ISCA 会议上提出的，第一代支持 SGX 技术的 CPU 于 2015 年 10 月问世。SGX 是英特尔指令集架构的扩展，主要提供了一些指令用于创建被称为 Enclave 的可信执行环境（trust execution environment，TEE），应用程序可以在 Enclave 中安全运行，而不受恶意操作系统的攻击。

在英特尔 SGX 中，可信认证（attestation）用以使第三方实体确定软件是运行在一个受保护的英特尔 SGX 平台上的，然后再为该软件提供受保护的机密数据。英特尔 SGX 架构包含本地可信认证（local attestation）和远程可信认证（remote attestation）两种可信认证机制。

本地可信认证机制适用于在同一平台上的安全区（Enclave）间的认证。当应用中的两个安全区之间需要相互协作来完成任务或者同一平台上的两款应用必须在安全区之间进行数据通信时，会使用本地可信认证来向另一个安全区证明自己的安全区身份，并提供访问授权。英特尔 SGX 使用基于可信硬件的机制来实现这个目的：一个安全区可以让硬件生成一个证书，这个证书被称为报文（report），它包含了安全区存在于这个平台上的密码学证明。

远程可信认证机制适用于本地安全区和远程第三方实体的认证。类似本地可信认证，拥有安全区的应用可以让硬件产生一个报文，然后将这个报文发送给由英特尔提供的、被称为引用安全区（Quoting Enclave，QE）的安全区来验证其正确性，如果验证通过，QE 使用英特尔的群签名方案——EPID（enhanced privacy ID）对转换后的报文进行签名，然后生成一种反映安全区和平台状态的证书，这个证书被称为引用（quote）。之后，这个引用可以被传送至平台外的实体，可以在平台外部验证。下面举个例子来说明远程可信认证的过程。

＊　本节由何艳、张亚宁、李华丰、马宇峰共同撰写。

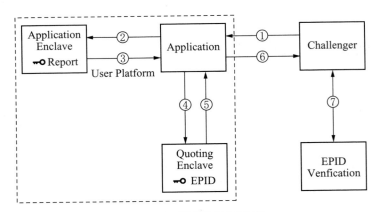

图 27   远程可信认证示例

资料来源：*Software Guard Extensions（Intel® SGX）Developer Guide*。

图 27 中的可信证明示例展示了一个安全区中的应用向远程第三方（Challenger）提供可信认证所涉及的步骤。

（1）当安全区中的应用需要向远程第三方证明自己的身份时，第一步是和远程第三方建立通信。远程第三方对应用提出一个挑战（challenge），要求应用证明它是在一个或多个安全区上运行的。挑战本身包含一个新鲜值（nonce）用来防止重放攻击。

（2）应用向应用所在的安全区请求一个报文，并传入挑战中所包含的新鲜值。

（3）安全区生成一个报文，并将其和一个清单一起返回给应用：

① 这个清单包含报文中用户数据部分的值；

② 这个清单包含新鲜值和一个临时公钥，这个临时公钥是用于远程第三方加密和应用间建立秘密通信时所用的对称密钥。

（4）应用将报文发送给引用安全区签名：

① 引用安全区验证这个报文；

② 引用安全区将报文体部分转入引用，并且英特尔 EPID 为引用签名。

（5）引用安全区将引用返回给应用。

（6）应用将相关的支持数据的清单和引用一起发送给远程第三方。

（7）远程第三方使用英特尔提供的 EPID 验证服务验证引用中的 EPID 签名。

（8）远程第三方比较授信配置和引用中的安全区信息。只有当安全区信息匹配授信配置时才为应用提供服务。远程第三方可以使用不同的信任策略，比如，只信任指定版本的安全区（由安全区中的代码和数据中的测量标识），或者信任一个特定的安全区所有者指定的产品 ID。信任策略必须包含安全区所有者和属性（指的是 debug 模式或 release 模式）检查。例如，debug Enclave 不应该被信任有任何秘密。

第（8）步中提到的授信配置通常由安全区所有者提供给远程第三方。远程第三方获取授信服务的可能方式是在接受授信配置信息前，使用现有的公钥基础设施来验证提供授信配置信息的实体的身份。

3.2 基于 SGX 的隐私保护方案

3.2.1 需求分析

本部分将分析基于 SGX 的隐私保护方案，场景设定为 ERC20 合约的转账（transfer）和查询（balanceOf）两个功能，同时实现其隐私性和监管透视性。这里，隐私性包括转账交易的隐私性和账户信息的隐私性。在进行转账操作时，交易金额只有参与的账户能够知悉，其他账户无法获取交易的信息；在进行查询操作时，用户只能够查询到本人的账户信息，无法获取其他用户的账户情况。监管方的透视性是指监管方能够获取到所有的交易信息以及账户信息。

3.2.2 方案设计

● 参与方角色。

如图 28 所示，在我们的方案中参与方分为以下四个角色：

（1）用户：每个用户拥有一个只有自己知道的对称密钥 AK；

（2）监管方：监管方拥有一对公私钥（PK，SK）；

（3）安全区内部程序：是区块链节点中的一部分，在安全区进行第 3.1 部分所述的远程认证时，监管方将公私钥对发送给安全区；

（4）区块链程序：区块链内节点中在安全区外的程序，能够获取全部的链上数据。

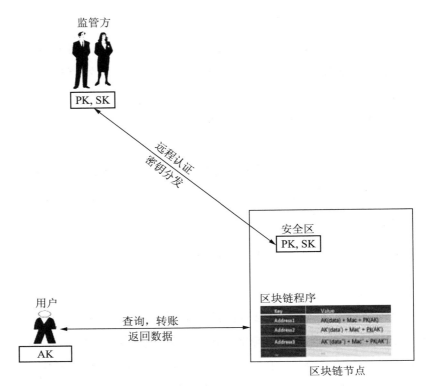

图 28 参与方角色示意图

● 链上存储结构。

区块链上 Token 合约的存储结构如表 5 所示。其中,每个用户存储的数据是 Key-Value 形式,Key 是用户地址,AK(data)是对数据(data)用 AK 进行加密后的密文,Mac 是使用 AK 对数据做操作得到的消息验证码,在解密的时候用来检查消息的完整性和认证性,PK(AK)是用公钥 PK 对用户对称密钥 AK 加密后的密文。

表 5 链上存储结构

Key	Value
Address1	AK(data)＋Mac＋PK(AK)
Address2	AK′(data′)＋Mac′＋PK(AK′)
Address3	AK″(data″)＋Mac″＋PK(AK″)
……	……

● 转账功能。

我们以用户 A 向用户 B 转账为例,来说明如何实现转账功能。如图 29 所示,转账步骤如下:

(1) A 用自己的私钥加密转账金额,得到 AK(data);

(2) A 向区块链程序发送交易,交易内容包:Address_A + Address_B + AK(data);

(3) 区块链程序验证发送者的身份;

(4) 区块链程序取出链上 A 和 B 的数据;

(5) 区块链程序将链上数据和用户交易信息,一起发送给安全区;

(6) 安全区内部拥有监管方发来的 PK 和 SK,解出 A 和 B 的对称密钥及数据(data),进行相应的加减计算之后,再用各自的密钥加密各自的数据;

(7) 安全区将结果返回给区块链程序;

(8) 区块链程序对结果进行上链存储。

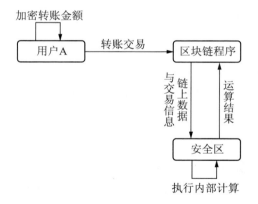

图 29　隐私交易转账流程

● 查询功能。

如图 30 所示,用户执行查询账户信息操作时步骤如下:

(1) 用户向区块链程序发出的请求中包含自己的地址(address);

(2) 区块链程序根据地址查询得到对应的数据 AK(data)和 Mac;

(3) 区块链程序将查询结果返回给用户;

（4）用户使用自己的 AK 解密出数据（data），并根据 Mac 来验证解密结果的正确性。

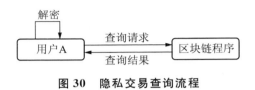

图 30　隐私交易查询流程

方案安全性分析如下：

考虑重放攻击的场景：比如用户 A 向用户 B 发起一笔转账交易，恶意用户 E 从链上查询到这条交易后将其中的收款地址更改为自己的地址，然后用自己的私钥签名后重发，区块链虚拟机中会有对交易签名方和业务逻辑的验证，所以这种攻击方式是无效的。另外，如果恶意用户直接重放交易，区块链会对用户交易的唯一性进行验证，这种方式同样无效。

考虑中间人攻击的场景：当用户 A 进行查询操作时，恶意用户 E 截取区块链程序返回给用户 A 的数据 AK(data) 和 Mac，由于恶意用户 E 没有用户 A 的对称密钥 AK，因此他无法解密出用户 A 的数据，这样可以保证用户 A 的隐私。同样，由于没有用户 A 的对称密钥，即便用户 E 篡改了 AK(data)，但是他无法计算相应的 Mac，这样用户 A 在解密数据后可根据 Mac 来验证数据是否被篡改过。综上，我们的方案是可以防止中间人攻击的。

3.2.3　监管透视性分析

为了使监管方能够获取所有的账户信息和交易情况，所有节点的 SGX 使用的公私钥都是由监管方分发的。这样监管方能够解密出区块链上的所有账户信息和交易信息。

在程序运行开始时，SGX 需要向外界进行远程可信认证来证明自己的身份，以便用户放心地进行交易。节点启动时，按照第 3.1 部分的远程可信认证机制向监管方证明自己的 SGX 身份，然后用户相信监管方的权威性，进而放心地进行交易。在身份验证的最后阶段，监管方将密钥分发到各个节点的 SGX 中。

3.3　SGX 的安全性与局限性分析

本方案依靠英特尔的 SGX 技术来保证安全性,SGX 提供了一个被称为安全区的可信执行环境,它可以防止包括操作系统、BIOS 系统在内的其他应用程序窥探和篡改受保护应用程序的状态及可信环境内的数据。同时,SGX 引入 Attestation 认证机制,在芯片中封装了远程认证机制,由英特尔或其代理响应请求,对应用程序是否运行在可信平台上进行认证。但是 SGX 技术也有自己的局限性,主要有以下几点:

(1)可能会遇到侧信道攻击。这主要是因为 SGX 的应用模型允许安全区和不可信环境共享资源,这就给攻击者以很大的攻击面去区分时间上的差异和资源使用的不同,从而泄漏安全区的控制流和数据流。侧信道攻击有两种方式,一种是对于 CPU 芯片的侧信道攻击,比如最近爆出的 L1TF 漏洞,它允许攻击者绕开CPU 的各类权限检查,窃取隐私数据;另外一种是因软件开发者自身程序漏洞导致的侧信道攻击。

(2)需要依赖英特尔公司进行应用程序的可信认证。

(3)SGX 技术是美国英特尔公司的,因此可能会受中美贸易摩擦影响而限制使用。

(4)英特尔公司可能会留有后门。

针对以上 SGX 技术的局限性,我们在使用 SGX 技术时也做了以下措施:

(1)虽然目前有许多针对 SGX 的侧信道攻击手段,但是英特尔通过和学术界以及产业界等机构合作,也找到了相应的应对方案。比如针对上文提到的 L1TF 漏洞,TEEX 团队就给出了基于虚拟化技术的缓存隔离方案(TEEX,2018)。对于软件编程漏洞导致的侧信道攻击,建议开发者在开发过程中按照英特尔 SGX 开发指南进行 SGX Enclave 程序开发(Software Guard Extensions(Intel® SGX),2018)。

(2)在本方案中,监管方可以通过事先向英特尔申请一个认证代理,由监管方来验证应用程序是否在可信平台上执行,这样可以保证方案的独立性。

(3)SGX 技术是完全依赖硬件的技术,即使将来受中美关系进一步影响,对于已经购买的支持 SGX 技术硬件设备,仍然可以使用。

（4）如图 31 所示,联盟链一般可采用 VPN 专线搭建虚拟专用网,由防火墙对外进行隔离。在未授权的情况下,英特尔无法访问联盟链的网络环境,即使留有后门也无法攻击。

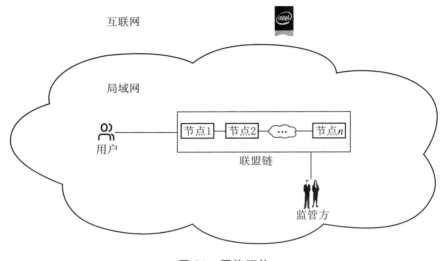

图 31　网络拓扑

4　方案原型关键效果展示 *

4.1　系统功能概述

本节将展示原型系统的主要功能,包括场外期权、金融资产、监管功能、SGX隐私保护等核心功能。系统演示功能将分为监管方、券商、投资者三种角色。

4.2　场外期权功能展示

场外期权交易流程主要包括合约建立、协议签署、业务申请、到期行权、提前

　＊　本节由吴鑫涛、陈杰、杨晨旭共同撰写。

表 6　资金流向表举例

资金流出方	资金流入方	资金流说明
投资者法定数字货币账户	券商法定数字货币账户	投资者购买期权支付期权费,或投资者认购券商发行的金融资产
券商合约资产账户	投资者合约资产账户	投资者签署期权交易确认书,获得合约资产
券商金融资产账户	投资者金融资产账户	投资者认购获得券商发行的数字资产
投资者金融资产账户	投资者金融资产账户	投资者之间进行数字资产的转让

行权、合约监控等流程。

（1）合约建立。

券商端通过业务合约模板创建场外期权业务合约。管理员填写完各产品要素提交后,将生成一笔期权业务合约,期权业务合约通过调用区块链"新增期权智能合约"上链存储共识,管理员可在合约业务列表中查看期权业务合约并进行管理,合约模板如图 32 所示。

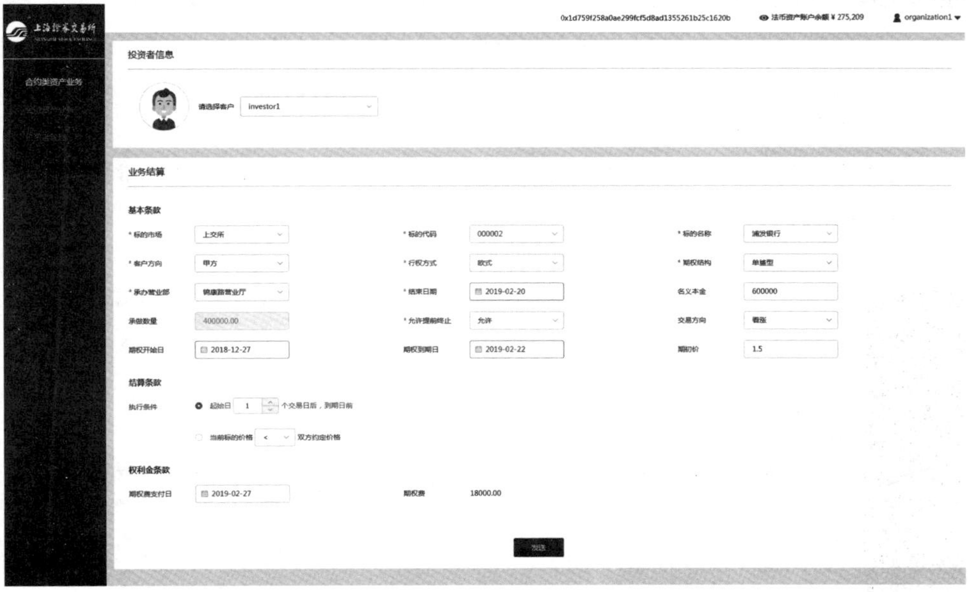

图 32　合约模板

（2）签署协议。

投资者进入系统后,通过"协议签署查询智能合约"获取投资者协议签署情况,通过"协议签署智能合约"完成主协议、补充协议、履约保障协议三份协议的签署,通过"协议摘要保存智能合约"完成协议签署信息的上链存储。

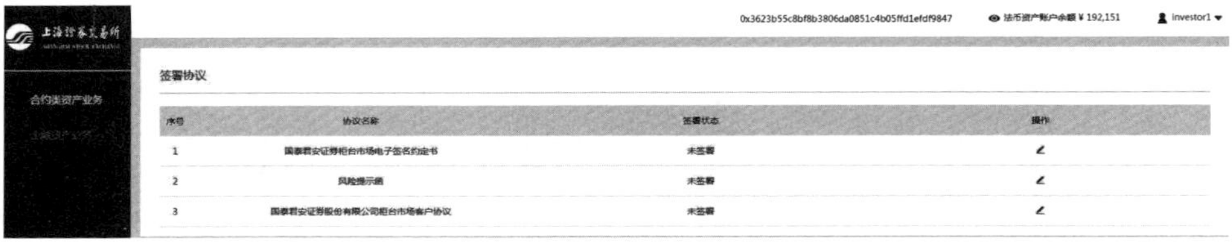

图 33　协议列表页

图 34　协议签署页面

（3）签署交易确认书。

投资者使用自己账户登录系统,可以看到待签署合约列表（如图 35）。点击签署,输入密码后完成合约签署。

图 35　待签署合约列表

图36　支付期权费

（4）期权合约查询。

如图37所示，投资者成功签署交易确认书买入期权合约后，在其合约业务列表中可查看所购买的期权合约列表。

图37　期权合约列表

（5）提前行权。

提前行权业务（如图38）首先由投资者通过系统合约详情页面提出申请，之后由券商端登录系统执行结算。行权后合约详情见图39。

4.3　金融资产功能展示

金融资产（理财产品）业务模块主要实现以下功能：理财产品注册发行与清盘兑付（券商端）、理财产品购买与转让（投资者端）。

图 38　提前行权申请

图 39　行权后合约详情

（1）注册产品。

如图 40 所示，产品发行方登录系统后，在理财产品注册页面通过理财产品模板输入产品详情参数，点击注册按钮输入密码并校验通过后，便完成了理财产品的注册发行。

图 40　理财产品注册发行

（2）投资者认购份额。

投资者登录系统后，可以看到流通中的理财产品如图 41 所示。点击"立即购买"按钮便可进入理财产品购买详情页，输入金额，点击确认购买并通过密码校验后，通过调用"金融资产智能合约"的购买接口，完成理财产品的购买并实时上链。

图 41　理财产品购买

（3）投资者份额转让。

如图 42 所示，持仓页面提供投资者转让功能入口，点击转让按钮进入产品转让页面。投资者通过转让功能调用"金融资产智能合约"，可将其持有的理财产品转让给其他投资者，提前回收资金。转让操作完成后，转让市场便发布该转让行情，供其他投资者查询购买。

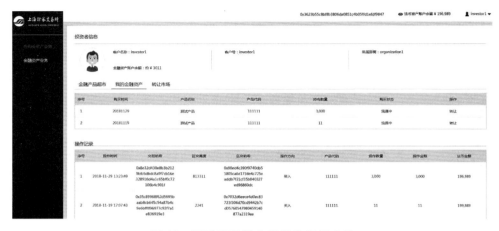

图 42　理财产品持仓及操作记录查询

图 43　理财产品转让

图 44　理财产品转让行情

（4）清盘兑付。

券商端可在系统中查询已注册发行的理财产品列表信息及各理财产品详情

信息。在理财产品详情信息页面,券商管理员可以对注册发行的理财产品进行手动清盘对付(正常流程下,产品到期清盘兑付是定时任务进行跑批处理)。

图 45　理财产品详情

4.4　监管功能展示

本系统提供了监管功能模块,可对场外期权业务中的合约资产业务以及相关的券商、投资者进行监控管理。

4.4.1　事前预防

事前预防,即监管可以主动设置业务规模监控指标,当业务规模超过阈值时,狙断新业务生成。如图 46 所示,系统合约资产业务监控模块分为四个级别的监控:业务级监控设置、标的级监控设置、投资者级监控设置、券商级监控设置。

4.4.2　事中监测

事中监测,即监管者通过其拥有的监管节点,能够看穿市场上所有的相关业务数据,同时可利用大数据、人工智能等实时监测和分析市场数据,及时有效地识别异常交易行为。

4.4.3　事后追查

当风险不可避免地发生后,监管者可借助区块链可溯源、不可篡改等特性,对历史操作行为进行追溯。图示可参考第 2.2.2 部分中的内容。

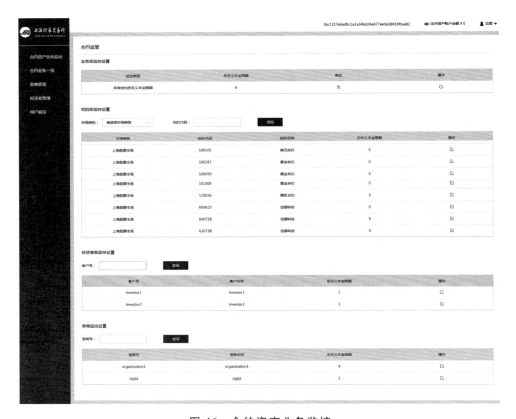

图 46　合约资产业务监控

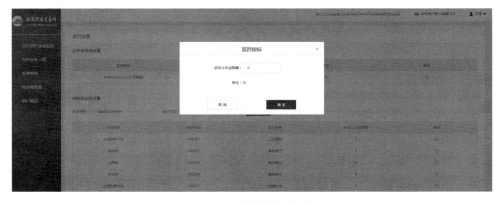

图 47　监控指标修改

图 48　市场规模超过监管限额

图 49　场外期权业务合约一览

4.5　SGX 隐私保护方案实现

　　本部分根据第 3.2 部分的 SGX 隐私保护方案做了原型实现，功能模块如图 50 所示，分为创建账户、生成对称密钥、加密对称密钥、加密初始金额、初始化账户、查询账户余额、转账等模块。本部分将以 A 向 B 转账和 A 进行余额查询为例对如何使用这些模块做详细说明。

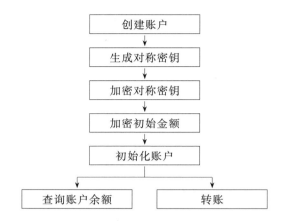

创建账户
↓
生成对称密钥
↓
加密对称密钥
↓
加密初始金额
↓
初始化账户
↓
查询账户余额   转账

图 50 SGX 隐私保护方案功能流程

（1）创建两个账户，在 cita-cli 中输入命令：

cita＞key create

｛

"address"："0x3800c6693fd00804ee940f682e699fce8d7bf70c",

"private"："0x84659a35079cc2be7a363957e1dd986f98f236cd5108f33f666e7
300b29f7fe6",

"public"："0xb231d9c83fb57b54e23f44db1818035dc1c49ba2e055e2820dcfd6
caea392946474e785e8293f86fcbba85371b60199d5043bb8589710c719321a7a40a6
4f3be"

｝

说明：创建账户 A，其中"address"表示的是账户 A 在区块链上的地址，
"private"表示的是其私钥，"public"表示的是用户的公钥。其中用户的私钥用于
对区块链交易进行签名，需要妥善保存，地址需要对外公开。

cita＞key create

｛

"address"："0xee6a575ac825e9d5929cad2eeb2fc021a1dc598e",

"private"："0x799fb70a1ce9a299d07d2a9daf8d55b061415b2491c455d1df9a9
942f4601df7",

"public":"0x705c5d4e0ba0891629df602157215a30247bd6cb449976a840fdc54da3dd14493906d495596fb96ee0169e59e8a2ae4735a7e620b1c7d724f3df9862909acac0"

　　}

说明：创建账户 B。

（2）用户生成对称密钥，这里假定 A 的对称密钥 AK-A 是 11，B 的对称密钥 AK-B 是 22。

（3）用户使用监管方提供的公钥来加密自己的对称密钥，我们选择使用 RSA 算法来加密用户的密钥，得到如下结果。

① 使用监管方的公钥对自己的密钥 AK-A 加密后的结果为：

0c73380f9d2b73e5bd55bcc6e9e205e2b2d939ec1f8d80b1b273f23fb7e729dc2508b77da2249671b82b333c6c6637ae12c6ec0b29af3692d8adcf3f3f46d8eb09844ba398bdbd419b6bb83fe146ed6b12c62470df31d4be93b25dc6c592149be3273bbca1643403fa58a7d828ea48451eead924a3ad38d6832d378d0abb3acbd530d5a88c407382be695a1b987d51136071a952529c778fce34822c92e881998a9dc65a66db163674c79cf7a35ed1e88bc0efb6f9ab43345c80bbb5f4cddfb17df5a93b818fdaa0e4cc956384c711d0142770a6472a90cdc1f86d4c8023ef2eefe131578dd2fcaac2e44774c3cf8831b95ba1901df096ba80c91e45a5f771e8

② 使用监管方的公钥对自己的密钥 AK-B 加密后的结果：

8a44894da54c17391b7cf9e6d9281a517e89d5cb4d1f325db716001a919133d5ae4b5c49d50234de9418c48d4b2c192c308cb182b9b025e4e4b6d554860715a2586579edd0839cf068071182c8afceff837e6e3ecee2a9e6f4823ebf202e7feeff62a9ed82c6cf549377c50929f6c5b8a35c0ccfe078f84b255ca2518bc6a537e9c20b159d3b232f5bd3270d671159a77d46ec5c392ca6c5029dfde56b31687b5a451bbc6d88690cedcda7980a5c20060b82923d4676833a0cc9752334481fcbb77d4f07b4046f4b46441e07294fcd61271e385088d8d646900a32f29b6477286447b0523daac28d43fd282c71aa9a8f7e3f68eedcf6357b74d61b6ca59833e2

（4）用户 A 使用 AES 算法，并使用 AK-A 加密初始金额，假定其为 66，得到结果如下。

密文为：d25428dfac0596e0330c4690af77bdcf9e52b9632eaa618cf465fa3eb07e2d58。

MAC 为：d9c1aad26ea3c424ea2a51bd0491f623。

（5）通过向链上发送交易初始化用户 A 的账户，输入命令：

rpcsendRawTransaction

－－private-key

0x84659a35079cc2be7a363957e1dd986f98f236cd5108f33f666e7300b29f7fe6

－－address

0xffffffffffffffffffffffffffffffffffffffff030003

－－code

0x00000000d25428dfac0596e0330c4690af77bdcf9e52b9632eaa618cf465fa3eb07e2d58d9c1aad26ea3c424ea2a51bd0491f6230c73380f9d2b73e5bd55bcc6e9e205e2b2d939ec1f8d80b1b273f23fb7e729dc2508b77da2249671b82b333c6c6637ae12c6ec0b29af3692d8adcf3f3f46d8eb09844ba398bdbd419b6bb83fe146ed6b12c62470df31d4be93b25dc6c592149be3273bbca1643403fa58a7d828ea48451eead924a3ad38d6832d378d0abb3acbd530d5a88c407382be695a1b987d51136071a952529c778fce34822c92e881998a9dc65a66db163674c79cf7a35ed1e88bc0efb6f9ab43345c80bbb5f4cddfb17df5a93b818fdaa0e4cc956384c711d0142770a6472a90cdc1f86d4c8023ef2eefe131578dd2fcaac2e44774c3cf8831b95ba1901df096ba80c91e45a5f771e8

说明：

● "private-key"为用户签名交易使用的私钥。

● "address"为链的 ERC20 的隐私合约。

● "code"可以分成 4 部分：

① 00000000 代表调用 init 方法；

② d25428dfac0596e0330c4690af77bdcf9e52b9632eaa618cf465fa3eb07e2d58 是 balance(66)的密文；

③ d9c1aad26ea3c424ea2a51bd0491f623 是 balance 的验证码；

④ 最后面是 RSA 加密过的用户密钥 AK-A。

（6）用户 A 查询账户余额，输入命令：

rpc call

－－to

0xffffffffffffffffffffffffffffffffffff030003

－－data

0x000000013800c6693fd00804ee940f682e699fce8d7bf70c

说明："data"分为两部分："00000001"表示调用 balance_of 方法，后面是要查询账户的地址。

得到结果：0xd25428dfac0596e0330c4690af77bdcf9e52b9632eaa618cf465fa3eb07e2d58d9c1aad26ea3c424ea2a51bd0491f623。

说明：结果可以拆成如下两部分。

① 前 64 个 16 进制数字：d25428dfac0596e0330c4690af77bdcf9e52b9632eaa618cf465fa3eb07e2d58 是密文；

② 后 32 个 16 进制数字：d9c1aad26ea3c424ea2a51bd0491f623 是 MAC。

使用 AES 和用户自己的私钥进行解密，得到用户余额 66。

（7）用户 A 通过向区块链发送交易向用户 B 转账 33，输入命令：

rpcsendRawTransaction

－－private-key

0x84659a35079cc2be7a363957e1dd986f98f236cd5108f33f666e7300b29f7fe6

－－address

0xffffffffffffffffffffffffffffffffffff030003

－－code

0x00000002ee6a575ac825e9d5929cad2eeb2fc021a1dc598ed25428dfac0596e0330c4690af77bdcf9e52b9632eaa618cf465fa3eb07e2d0dd6c3cd8e997d42c1f794cfbcd14cbd3f5810a192094981d92870bf76765fa79ee0db6ca863b553d14373fa2421ef1eeb00c168ad05a00f3b32d98728d28d2bab2cbef308dd98ed35de3606b0ffa4a54e23840066db08502c6720dc5634a9ffea7f32b13b1bb934468f7e2309ba3cc3d2bc2861

f2fb317e3577c0a0dc02da858f09f8102ba380da959a3cc1499ab00d35b4bdc3e403f4
76348581861fb6e4e633548b396d6c57b5b1cdf1f051fa762eabb5969f02b33617a08
60ccd64c1ee3d23cb5a37e708dca77608b69a1c7cf31d6ea2709a5f0a2146ba0743f07
c3f8eb1235c0a637b3a03c7652c16100b45d653a2f4bcf20032155ac30249e1d5528a
8436361912e53e9409a0b9a976410c2777853f8bd3d3ee4ba47fd22f65ac2b72ad925
c28e7c853582be5929d788abb181f5085cc3a881b6580f8a90c2064af4124ea

说明：code 分为 4 部分：

① 最开始的"00000002"表示调用 transfer 方法；

② ee6a575ac825e9d5929cad2eeb2fc021a1dc598e 是账户 B 的地址；

③ d25428dfac0596e0330c4690af77bdcf9e52b9632eaa618cf465fa3eb07e2d0d 和 d6c3cd8e997d42c1f794cfbcd14cbd3f 是用 A 的密钥加密的金额（即 33）的密文和验证码；

④ 5810a192094981d92870bf76765fa79ee0db6ca863b553d14373fa2421ef1e eb00c168ad05a00f3b32d98728d28d2bab2cbef308dd98ed35de3606b0ffa4a54e2384 0066db08502c6720dc5634a9ffea7f32b13b1bb934468f7e2309ba3cc3d2bc2861f2fb 317e3577c0a0dc02da858f09f8102ba380da959a3cc1499ab00d35b4bdc3e403f47634 8581861fb6e4e633548b396d6c57b5b1cdf1f051fa762eabb5969f02b33617a0860cc d64c1ee3d23cb5a37e708dca77608b69a1c7cf31d6ea2709a5f0a2146ba0743f07c3f8 eb1235c0a637b3a03c7652c16100b45d653a2f4bcf20032155ac30249e1d5528a8436 361912e53e9409a0b9a976410c2777853f8bd3d3ee4ba47fd22f65ac2b72ad925c28e7 c853582be5929d788abb181f50 和 85cc3a881b6580f8a90c2064af4124ea 是用 A 的密钥加密的交易信息（分别是 RSA 加密过的 B 的密钥和转账金额 33）。

经过链上对交易进行确认后，可以通过前面提到的查询方法对账户 A 和账户 B 的余额进行查询并验证，若 A 和 B 的账户余额都正确，则可以证明整个初始化、查询、验证都是正确的。

由于在发送交易中，对交易数据进行加密，所以攻击者无法从交易信息中获取转账交易的值（value）以及接受方。链上存储的信息是经过监管方的公钥加密的信息，节点以及其他攻击者无法通过获取链上信息来获取用户的隐私信息。用户查询信息时攻击者也无法通过拦截查询结果来获取用户的余额信息。由于链上信息是经过监管方的公钥加密的，所以监管方可以实现实时的监管和看穿，满足我们的设计目标。以上 ERC20 的隐私方案的设计，满足了对交易内容的隐私和监管看穿机制，从技术上初步尝试和验证了区块链的一些可能性。

5　总结 *

本章从实际金融业务场景出发，分析了目前场外交易系统存在的痛点，并设计了场外期权和理财产品（金融资产）两类具有代表性的业务载体，分别实践了智能合约和数字资产在实际金融业务中的应用模式。同时，分析了金融行业在应用区块链技术时需要面对的隐私保护问题，并提出了基于 SGX 的解决方案，同时实现了数据隐私性和监管穿透性。

业务上，本章以在券商实际开展的两类典型业务，即场外期权和理财产品为业务载体，深入探索了区块链技术在场外交易及监管等方面的应用。主要创新点有：一是利用了区块链"交易即结算"的特点，对机构内场外业务而言，节约了每日日终 1.5—2 小时的清结算时间，使得系统可以 7×24 小时不间断对客户提供服务。对机构间场外业务而言，避免了跨机构间复杂的对账流程（需要最长 T＋5 个工作日），提高了产品流动性，也提升了资金利用效率。二是实现了实时的穿透式监管。由于监管拥有联盟链节点，能实时地获取全市场数据，从而可以进行事前预测、事中监控、事后追溯的全方位监管。三是分析了场外业务对敏感数据隐私性和监管透视性的要求，提出了联盟链环境下的数据隐私保护方案，提升了客户隐私数据的安全级别。

技术上，主要创新点有：一是使用智能合约技术实现场外交易系统核心业务逻辑，包括使用智能合约来实现场外期权合约并实现期权的自动行权、使用智能合约来发行理财产品并实现理财产品的到期清盘兑付、使用智能合约实现监管规则的自动执行。二是总结了智能合约开发中几种常见的设计模式，包括智能合约模板使用到的工厂模式，智能合约升级使用到的代理模式、控制器数据模式等。

---

* 本节由吴鑫涛、陈杰、杨晨旭共同撰写。

三是对比了同态加密、零知识证明、SGX 等多种隐私保护技术的优劣,分析了 SGX 技术在效率、监管透视性、灵活性等方面具有的优势,最终设计了基于 SGX 的隐私保护方案,实现了敏感数据的隐私性和监管透视性。

上交所原总工程师白硕老师指出去中心化并非区块链本质特征。同理,我们认为去中心化并非是要完全替代传统券商、登记结算、交易所等中心化机构,而是利用区块链的信任机制,将信任关系由传统的金融机构转移到了自动执行的智能合约程序上,弱化了传统金融机构的中介和通道功能。而对于有监管职责的机构而言,区块链技术可以帮助其解决穿透式管理难题,同时支持其利用智能合约强制监管规则执行,提高其主动发现问题的能力和智能化水平,这反而有助于强化其监管职责。

另外,我们在使用区块链进行实际金融场景开发的过程中,也遇到了一些问题。一是智能合约不够"智能"。实际金融业务场景中,有很多需要自动化处理的场景,比如期权到期行权、理财产品到期兑付等,目前包括 ETH 在内的主要智能合约均缺乏类似 crontab、quartz 等自动触发机制,需要通过链下定时主动触发。同时,智能合约无法主动读取链外信息,需要预言机将链外信息写入链上。但是市场上还没有成熟的预言机方案来确保源头信息的真实准确性。例如在理财产品业务中,区块链只能保证券商发行的理财产品信息上链后无法被篡改,而对上链前其对应的底层资产源头的真实性无法保证。此外,智能合约也不适合做复杂处理,不适合数据量大或耗时长的数据处理。如果数据处理时间大于出块时间,则会影响出块速度,所以相关业务逻辑需要链下完成,而链上做验证(proof)。

二是智能合约不够"合约"。智能合约并不能像真正的法律合约那样具备法律效力。同时目前智能合约可读性较差,除了具备专业技术的开发人员,普通业务人员很难读懂合约内容,故很难实现合约内容。同时,智能合约无法完全消除信用风险,难以提供真正的履约保障,仍然需要依靠金融机构信用担保,并不具备真正"合约"的特性。

当前,区块链仍属于新兴技术,目前在金融机构真正落地并产生实际经济效益的区块链应用仍然极少。从技术角度,区块链主要有隐私保护、性能、存储容量、技术等方面尚待优化;从业务角度,金融机构内部尤其是业务人员对区块链技术适用性的理解尚待普及和加强。随着技术的不断迭代升级和对区块链技术的理解不断提高，我们相信区块链技术能够在未来金融实际业务中找到适合自身的运用场景，真正服务于实体经济发展。

参考文献

冯登国：《非交互零知识证明及其密码应用》，《密码与信息》1996 年第 2 期。

蒋荣：《基于区块链技术的 OTC 理财产品交易平台研究》，《金融电子化》2018 年第 2 期。

李顺东、窦家维、王道顺：《同态加密算法及其在云安全中的应用》，《计算机研究与发展》2015 年第 6 期。

陆思奇、王绍峰、韩旭、程庆丰：《全同态加密函数库调试分析》，《密码学报》2017 年第 1 期。

银行业理财登记托管中心：《中国银行业理财市场报告（2017）》，2018 年。

中国人民银行深圳市中心支行：《央行区块链项目落地粤港澳大湾区》，http://shenzhen.pbc.gov.cn/shenzhen/122787/3627416/index.html，2018 年。

中国证券业协会：《场外证券业务开展情况报告（1—36 期）》，2018 年。

朱立：《简评三个基于 VRF 的共识算法》，https://www.jianshu.com/p/2b9fa8633df1，2018 年。

朱立、李启雷、邱炜伟：《高性能联盟区块链技术研究——以去中心化主板证券竞价交易系统为例》，2017 年。

张宪、蒋钰钊、闫莺：《区块链隐私技术综述》，《信息安全研究》2017 年第 11 期。

Bensasson, E., et al., 2014, "Succinct Non-Interactive Zero Knowledge for a von Neumann Architecture.", *Sasson*.

Blum, M., 1988, "Non-Interactive Zero-Knowledge and its Applications.", *Twentieth Acm Symposium on Theory of Computing*, ACM.

Boneh, D., E. J. Goh, and K. Nissim, 2005, "Evaluating 2-DNF Formulas on Ciphertexts.", *Theory of Cryptography Conference*, Springer, Berlin, Heidelberg.

El-Gamal, T., 1985, "A public-key cryptosystem and a signature scheme based on discrete logarithms.", *IEEE Trans. Inf. Theory*.

Gennaro, R., et al., 2013, "Quadratic Span Programs and Succinct NIZKs without PCPs.", *Annual International Conference on the Theory and Applications of Cryptographic Techniques*, Springer, Berlin, Heidelberg.

Gentry, C., 2010, "Toward Basing Fully Homomorphic Encryption on Worst-Case Hardness.", *Advances in Cryptology-crypto*, *Cryptology Conference*, *Santa Barbara*, *Ca*, *Usa*.

Goldwasser, S., 1988, "The knowledge complexity of interactive proof systems.", *SIAM J. of Computing*.

Paillier, P., 1999, "Public-key cryptosystems based on composite degree residuosity classes.", *Advances in Cryptology—Eurocrypt*.

Rivest, R., L., L. Adleman, and M. L. Dertouzos, 1978, "On data banks and privacy homomorphisms.", *Foundations of secure computation*.

Rivest, R., L., A. Shamir, and L. Adleman, 1978, "A method for obtaining digital signatures and public-key cryptosystems.", *Communications of the Acm*.

Sasson, E., et al., 2014, "Zerocash: Decentralized Anonymous Payments from Bitcoin.",

2014 IEEE Symposium on Security and Privacy.

Satoshi, N., 2008, "Bitcoin: A Peer-to-Peer Electronic Cash System", *Technical report.*

Software Guard Extensions(Intel® SGX), 2018, https://software.intel.com/sites/default/files/managed/33/70/intel-sgx-developer-guide.pdf.

Van, Dijk, M., C. Gentry, S. Halevi, et al., 2010, "Fully homomorphic encryption over the integers", *Annual International Conference on the Theory and Applications of Cryptographic Techniques*, Springer, Berlin, Heidelberg.

第二部分　运维与服务篇

　　本部分主要聚焦证券行业智能运维与服务应用的研究热点,分别探讨了基于人工智能技术的 AIOps 在证券行业运维管理中的应用,以及以智能客服为代表的创新服务应用实践。

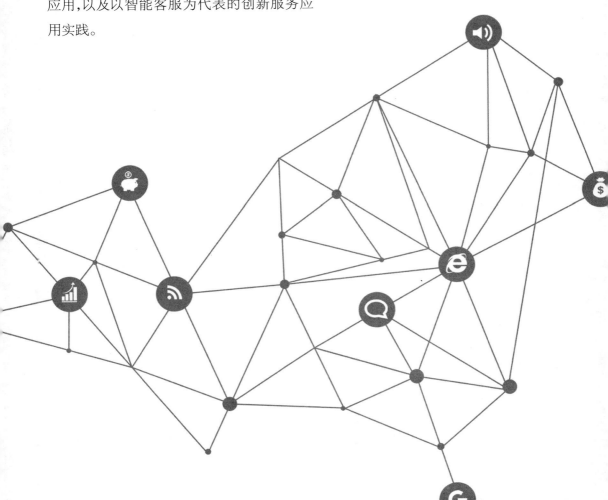

证券信息技术智能客服应用研究*

1 绪论

1.1 研究背景及必要性

实际上,“人工智能”的概念起源于20世纪50年代。1956年,达特茅斯会议首次提出“人工智能”概念;1959年,亚瑟·塞缪尔(Arthur Samuel)提出了“机器学习”;1994年,首个面向互联网的自然语言问答系统诞生;1995年,理查德(Richard)开发设计的第一个聊天机器人Alice问世;2006年,欣顿(Hinton)和他的学生开始推动深度学习;2011年,IBM研制的“沃森”(Watson2)机器人在美国当时关注度最高的智力竞猜电视节目《危险边缘》中战胜节目最成功的选手;2014年,微软公司发布全球第一款个人智能助理微软小娜;2016年,AlphaGo战胜世界围棋冠军李世石;2017年,苹果公司在原来个人助理Siri的基础上推出了智能私人助理Siri和智能音响HomePod。

目前,世界各国都开始重视人工智能的发展。2016年5月,美国白宫发表了题为《为人工智能的未来做好准备》的报告;2016年12月,英国发布了《人工智能:未来决策制定的机遇和影响》;2017年4月,法国出台了《国家人工智能战略》;2017年5月,德国颁布了全国第一部有关自动驾驶的法律;2017年6月29日,首届世界智能大会在天津召开,中国工程院院士潘云鹤在大会论坛上发表了

---

* 本章由上交所的王敏慧、张逸、何浩、刘鹤立,安信证券的李蔓林、李银鹰、刘勇、何志平、刘蓓芸、李倩、朱文婷、刘旖旎共同撰写。

主题演讲"中国新一代人工智能",概括了世界各国研究人工智能的战略。在中国,据不完全统计,2017 年运营人工智能的公司接近 400 家,行业巨头百度、腾讯、阿里巴巴等更是不断地在人工智能领域发力(中国电子技术标准化研究院,2018)。由此可见,人工智能势必会掀起一股热潮,在不久的将来成为国家、企业衡量核心竞争力的指标。

现阶段,人工智能最擅长快速处理简单重复的问题,这已是科技界的共识。传统的客户服务大多通过电话、QQ 或微信等媒介工具与用户取得联系,依靠客服中心的资料库解答客户问题,这种服务方式的人力成本高、处理效率低。客户服务满足巴莱多定律(二八定律),即 80％ 的用户关心的问题或遇到的疑惑是相通的,他们咨询的问题具有重复性,这也使得客服工作内容的复杂程度大大降低。因此,将人工智能运用于客服领域,创建在线智能客服能将人从枯燥的劳动中释放出来。越来越多的简单、重复工作交由智能客服完成,能减少人力投入,还能提升客服工作的准确度和效率,实现用户与服务提供者的双赢。因此,研究智能客服具有较大的应用需求和实用价值。

近些年,随着科技和信息技术的不断发展,人工智能在客服领域的运用成为现实。人工智能在客服领域逐渐实现了以下应用:

(1)智能语音系统。它可以识别用户语音并正确反馈结果,主要运用在以下三大核心服务领域:①智能 IVR(即智能语音导航),用户口述意图后,通过自动语音识别技术识别用户语音,将语音转化成文字传送给导航机器人,由导航机器人直接转接到对应节点,实现菜单扁平化。②自动语音应答,用户在电话中直接说出咨询问题,系统识别用户语音并在问题解答库中搜索答案,采用语音播报的方式解答用户。③用户身份识别,利用声纹技术验证用户身份,越来越多的银行、保险等需要校验用户身份的企业采用了该技术。企业先采集用户的声纹并传入数据库,在校验时对声音进行特征采样抽取,形成数字化向量,然后与数据库中采集的声纹进行校验,根据对比结果判断用户身份。

(2)在线智能客服。移动互联网的热潮衍生出各种移动应用并被人们广泛使用,QQ、微信、微博等通讯工具开始成为企业在线服务的媒介,但是传统的在线服务存在响应速度慢、人力成本高、服务时间局限的问题,因此催生了在线智能客服的应用和发展。在线智能客服主要运用自然语言处理、深度学习等技术模拟人类对话方式，实现用户使用自然语言与机器人进行交流。

（3）智能语音质检系统。客服中心为保障服务质量和用户满意度，一般会设立专门的质检人员采取抽检的方式对服务工单的准确性、服务态度、合规规范等方面进行质量监控。这种检查方式存在覆盖率低，难以准确评价整体服务水平的问题。智能语音质检系统通过语音识别、情绪侦测等技术，加大语音分析和挖掘力度，可实现人工质检向自动质检的转化，提高质检覆盖率，同时减少质检人力投入。

（4）智能语音外呼。随着服务模式的不断创新，在高度整合的智能化系统支持下，凭借广泛接触客户的渠道优势，客服模式已逐渐由被动服务客户向主动经营客户的方向转型，形成"服务＋营销"的独特价值创造模式（洪大可，2013）。目前客服部门的营销工作大多以外呼方式实现，用户对这种方式的接受程度较低，客服容易受到情绪影响，传统外呼方式营销成本高、效果不佳。智能语音外呼通过预先设定的语音外呼流程、热情礼貌的沟通对用户进行营销引导，能大幅降低营销成本。

目前智能语音系统及在线智能客服是人工智能技术在客服部门应用最成熟的两个领域。市场上已有许多成形的智能产品，例如谷歌智能语音助手、讯飞听见、百度语音合成等都是目前市场上较为成功的语音识别产品；微软小冰、亚马逊个人助手 Alexa、中国移动小和等都是目前市场上运用较为成功的在线智能客服产品。

目前，智能客服并未大范围应用到我国企业，在有利的国家政策背景和行业发展背景下，探索智能客服在上交所的应用是积极响应国家政策、顺应时代潮流的表现。除此之外，本次研究还有更深远的意义：

（1）智能客服是一项实用性较强、理论研究较为成熟的人工智能技术，在智能客服应用研究中积累的经验能运用到其他人工智能技术的研究中。

（2）目前各个领域的企业都在投入成本打造智能客服，金融业也是如此。目前主流的智能机器人学习模式为监督学习，即需对机器人进行语料训练学习。各家券商独立打造智能客服，需分别对行业通用知识进行训练，对整个行业而言，存在资源浪费现象,且过高的开发成本可能对小型券商产生壁垒。上交所作为证券市场的组织者,肩负着规范发展市场、推进市场各项建设的使命,上交所探索智能客服的应用,可将经验和成果在行业共享,有利于智能客服在行业的推广。

1.2   研究目标

目前上交所市场技术服务的服务方式主要有两种:(1)技术服务热线;(2)网上在线服务,包括 QQ 人工服务及微信人工服务。目前的服务模式如下:

(1)技术服务热线。技术服务热线采用的是传统 IVR,即互动式语音应答系统,用户拨打电话即可进入服务中心,通过收听自动语音播报内容并手动选择菜单编号前往根菜单。上交所的语音导航有三层菜单,也就是说需要用户操作三次才可进入目标菜单。因而,希望通过智能语音导航实现导航菜单"扁平化",降低技术热线导航时间,提高技术热线工作效率及用户体验。

(2)网上在线服务。目前网上在线服务主要通过 QQ、微信两种通讯工具展开。QQ 人工服务通过 QQ 群的方式实现,用户在群内发起咨询,群内的客服进行解答,或采用群内用户与客服建立私聊会话的方式服务。微信服务通过微信公众号实现,用户触发转人工指令后可建立与客服的对话,客服通过微信公众号回复用户,非人工时间则通过后台自助查询功能提供服务。这两种服务方式都主要采用人工解答的方式,不能完全做到 7×24 小时即时响应用户。因此,希望将在线智能客服运用到 QQ 及微信公众号中,形成多渠道接入、统一管理的在线智能平台,实现用户发起咨询时,智能客服秒级响应用户咨询,以此进一步提高市场技术服务的用户体验。

因此,结合上交所市场技术服务的服务现状和需求,本章的研究目标主要有以下两个:(1)如何将证券信息技术应用于技术服务热线,形成操作简单、省时的智能语音导航。(2)基于上交所市场技术服务部门目前的服务模式,设计适合上交所的 QQ、微信在线智能客服。最终的实现效果如下。

(1)技术服务热线。用户拨打电话后,语音自动播报,询问用户咨询的业务类型,如公司业务管理系统、报盘专线、卫星线路等,后台通过自动语音识别技术将语音转化为文字,并传至导航机器人,导航机器人根据关键词结合来电时间确定需转接部门，并将用户直接带至对应节点。如未判断出相应部门，则转接人工服务处理（即转接客户服务部）。欲实现的技术服务热线的服务流程如图1所示。

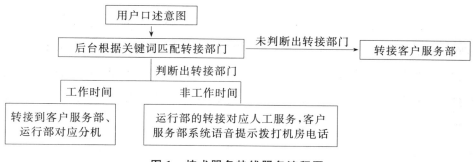

图1　技术服务热线服务流程图

语音导航是根据关键词结合电话接入时间匹配转接部门。我们最终需要保证语音识别技术能识别出用户的语音，导航转接需100％准确。

（2）智能应答机器人。运用自然语言处理、深度学习等技术构建训练模型，基于上交所现有的技术知识库和外部获取的证券行业通用知识库等语料知识进行智能教育，形成具有泛化能力、推理能力等学习能力的智能应答机器人，并将智能机器人接入QQ、微信等渠道，实现用户通过QQ、微信平台输入问题后，7×24小时秒级自动回复用户，触发人工指令后在人工服务时间内转至人工客服。智能应答机器人接入QQ、微信的具体实现形式如下。

① 智能应答机器人接入QQ。基于QQ目前的服务模式（在QQ群内咨询，或群内用户发起与客服的私聊会话，客服进行解答），当用户在群里@智能机器人并提出问题或用户发起与智能机器人的私聊会话时，机器人自动回复用户问题。用户在群里咨询人工客服或发起与人工客服的私聊会话不受影响。

② 智能应答机器人接入微信。用户输入问句，系统识别是否转人工指令，是，则转至人工服务；若不是，则转至智能应答机器人，机器人回复范围包括常用寒暄用语、证券常识和交易所技术问题，回复中包含切换人工服务指示。如遇到机器人无法回复的问题也提示用户切换人工服务，用户输入转人工指令后，转到人工客服处理。

最终QQ机器人、微信机器人的综合回答准确率需达75％以上，直接回答率需达 60％以上。

1.3　研究可行性分析

（1）有利的政策环境。2017 年 7 月 8 日，我国颁发并实施的国务院政策文件《新一代人工智能发展规划》提出，人工智能的迅速发展将深刻改变人类社会生活、改变世界，并立足国家发展全局，从建设人工智能创新体系、推进人工智能关键技术、发展人工智能企业、培养人工智能高端人才等方面提出了加快人工智能进程的方法。

随后，2017 年 12 月 14 日，工信部印发《促进新一代人工智能产业发展三年行动计划（2018—2020 年）》，推动人工智能技术研发和产业化发展；《2017 年全国政府工作报告》、十九大报告等政府报告中明确指出要鼓励人工智能产业发展。这一系列的政策文件彰显出国家对人工智能发展的重视和鼓励，研究智能客服的应用是积极响应国家政策的战略行为。

（2）迅速崛起的人工智能技术。从 1956 年达特茅斯会议首次提出"人工智能"概念开始，人工智能研究和发展已经历经了几次历史浮沉，在一次又一次高潮和低谷的交替中，人工智能不论在理论研究还是在实践上都取得了巨大的进步。特别是深度学习技术，对人工智能的发展起到了至关重要的作用。

近年来，一系列的政策文件展示出国家对人工智能发展的重视，其影响也将是全球性、历史性的。在科技发展和政策规范的相互作用之间，最好的政策能实现在不增加更多限制的情况下推动科技进步。人工智能的发展规划，正在延续这样的传统，我国的人工智能技术势必会发展得越来越成熟。

自深度学习提出至今，该技术不断在各类应用上取得巨大进展。尤其是基于深度学习的 AlphaGo 系统击败韩国围棋手李世石后，学术界和商业界开始关注以深度学习为主的人工智能研究，学术界技术研究的飞速崛起使人工智能的商业化运用成为现实，特别是人工智能在工作内容重复率高的客服领域的运用。我国现已有部分成形的智能客服产品，此外还有数百家人工智能服务公司。在这种情况下研究智能客服的应用是确切可行的。

（3）企业的服务和经济需求。在客服领域引入智能客服能有效节约企业成本,提升企业形象。传统客户服务为一对一人工服务,人力投入成本高、服务速度不快。引入智能客服取代部分人工可有效节约成本,把更多的金融资源合理配置到其他领域。另外,智能客服可 24 小时秒速响应用户,能达到提升用户满意度和公司形象的效果。上交所可将客服部门作为人工智能应用的试验田,逐步在其他部门实现智能化,实现企业向科技化转型。因此,研究智能客服的应用能增加企业的经济效益,提升企业形象。

1.4　本研究的独特优势

近几年来,智能客服发展迅速,证券行业已有部分券商推出了智能客服产品,例如国泰君安的灵犀客服、招商证券的牛牛、国信证券的小信、安信证券的问问小安等。我国市场上已有数百家 AI 科技公司,它们均能提供较为成熟的技术和运用方法,目前主流的机器人学习采用的是监督学习,即基于一定数量的语料,让机器人通过学习、归纳,达到智能的效果。因此,决定机器人智能效果的关键因素之一为语料。语料越多,并且越贴近用户真实问法,机器人的智能效果就越好。

安信证券于 2016 年搭建了互联网客服平台。经过两年多的运作,它积累了数百万条用户咨询数据,经过清洗和数据筛选,可将用户真实问句运用到本次研究中来,作为训练机器人的语料数据。充足的语料是本研究的最独特优势。

2　智能客服相关技术的发展现状

2.1　语音识别

大约在三四十年前,美国的部分大学和实验室已展开了对语音识别技术的研究。20 世纪 50 年代的 AT&T Bell 实验室研发的 Audry 系统首次突破,可识别十个英文数字;六七十年代美国科学家提出了线性预测分析技术(LP)并进行了深入研究,开发出特定人鼓励语音识别系统;到了八九十年代,语音识别技术应用研究进入高潮,得力于 HMM 模型和人工神经元网络(ANN)的成功应用,语音识别系统的性能相比以往更优异。

具体到客服行业,传统客服行业属于高人力投入的行业,客服部门需要雇用一批服务人员,每日解答客户大量简单、重复的问题。工作内容重复、枯燥,客服人员很容易产生情绪,影响工作效率,甚至带来高流失率。

语音识别技术的发展给客服行业带来了巨大的机遇,客服业者开始思考如何通过智能客服辅助人工客服服务客户,帮助人工客服过滤骚扰电话、无意义的抱怨、高频且简单的重复性问题等,让人工客服可以更好地解决客户的复杂问题。在文本智能客服的前面加上一层语音识别,解析后再用语音合成反馈给用户的电话智能客服由此诞生。

目前智能客服在业界已经能够提供整套的本地化服务,且能满足用户的许多定制化需求。随着算法优化、数据沉淀,目前这些机器人的准确率能达到相对比较高的水平。目前,银行、保险、证券、电子商务等领域已逐步开始运用智能客服。当前的智能电话客服正处于一个 99 分到 100 分的进化过程,各家公司都在努力将更多的服务接入智能电话客服,提高用户的满意度,比如多轮对话能力、基于知识图谱的知识推理、情感识别等。

2.2　自然语言处理

研究言语行为理论的难点在于一个句子往往不只是表达唯一的一种言语行为,而是有可能表达多种不同的言语行为(宗成庆,2008)。处理自然语言是一个相当复杂的工作。

自然语言处理方面的研究起源于机器翻译。美国人威弗在 1949 年第一次提出了机器翻译的设计方案,研究者通过破译军事密码得到启发,认为不同语言都是对"同一语义"的不同编码。20 世纪 60 年代,国外学者投入了大量的精力和财力研究机器翻译,当时的主流做法是存储包含两类语言的单词、短语对应译法的大辞典,在翻译时一一对应,只是在技术上调整语言的同条顺序。但是当时人们低估了自然语言的复杂性,语言处理的理论和技术都不成熟,所以取得的进展较小。

从 20 世纪 90 年代开始,自然语言处理领域取得了较大进展,这种变化体现在以下两个方面：在系统输入方面，自然语言处理系统已开始能处理大量的文本，而不是像以前的研究型系统一样，只能够处理少量的词条和较典型的句子。在系统输出方面，鉴于难以实现真正理解自然语言，系统不再要求深层理解自然语言文本，只需要实现从中获取例如"索引词、检索、自动摘要"等有用的信息。自然语言处理技术的发展历程如图 2 所示。

图 2　自然语言处理技术发展历程图

自然语言处理领域取得了较大进展后，学者们也开始重视基础性研究工作。研究自然语言统计性质必须基于大规模的不同深度的真实文本语料库。包含几万、十几万，甚至是几十万词语及词与词的搭配信息的计算机可用词典，对处理自然语言是非常重要的，这需要大量的积累才能获取。学者们普遍认为自然语言处理分为四个阶段，从形式匹配（语法）到语义匹配（语义），现在到文本推理（知识），再下一步会到言外之意（语用）。

3　多渠道接入智能客服系统的设计及实现

3.1　系统设计架构

多渠道接入智能客服系统依托于意图理解机器人的模型和训练，通过 SmartQQ 协议接入上交所 QQ 客服号，通过 WeiPHP 插件的形式无缝接入上交所已有的技术服务微信公众号中。而在智能 IVR 演示项目中，运用的关键技术有智能语音识别技术（ASR）、语音合成技术（TTS）。智能语音识别可将用户的语音转化为文字，识别用户来电意图；语音合成可实现机器人与用户交互。目前许多的大型 AI 技术平台已能提供较为成熟的 ASR、TTS 技术服务。在本章中，我们直接通过 UniMRCP 服务对接百度 ASR 服务和讯飞 TTS 服务进行语音识别。整体的架构如图 3 所示。

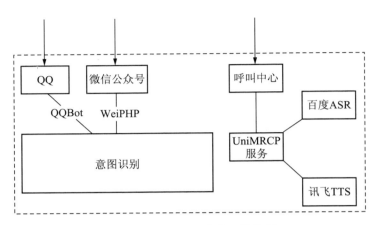

图 3   智能客服系统整理结构图

3.2   技术难点

开发一个可基于自然语言进行交流的智能机器人是本章的研究难点。创建智能机器人主要包括两个方面的工作：机器人神经网络模型设计、知识库管理。机器人神经网络模型主要运用自然语言理解技术和深度学习技术，自然语言理解中的技术主要包括词性标注、依存句法分析、语义依存分析等，深度学习中的技术主要包括循环神经网络、长短期记忆网络、监督学习等。知识库主要包括 FAQ 及相应的语料数据，FAQ 是对用户咨询问题进行提炼组成的一系列知识点，语料数据是每一个知识点对应不同问法的概括。利用神经网络模型学习语料库中的语料，可达到举一反三、识别语料库之外的问法并匹配 FAQ 的效果。

目前设计机器人神经网络模型的相关技术发展已逐步成熟，运用这些技术的难度不是非常高。而知识库、语料库管理主要采用人工编写的方式，为保证机器人的回答准确率，每一条 FAQ 最好需编写 30 条以上的相似问法，上交所知识库共有上千条 FAQ，需人工编写数万条相似问法，工作量较大，而上交所的人力投入有限，短短三个月内完成此项工作较为困难。因此，设计一个合理的知识库管理方案，确保可在课题规定的研究时间内开发一个回答准确率达 70% 以上，并且可满足日常使用的智能机器人是本课题的主要技术难点。

3.3 智能机器人的创建

3.3.1 智能机器人技术方案

系统采用的是"搜索＋深度学习"的技术方案，问题的处理流程如图 4 所示。其中意图识别是整个流程的核心，它的技术方案如图 5 所示。

图 4　智能机器人问题处理流程图

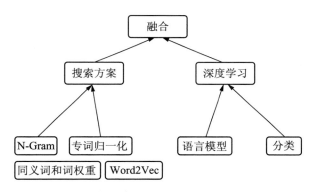

图 5　智能机器人意图识别技术方案图

1. 搜索方案四项技术的主要工作

（1）N-Gram：捕捉口语化表达中的关键语义信息。

自然语言处理中有一个基本问题：怎样统计在某种语言下一段文本序列出现的概率？统计语言模型针对这类问题给出了一个解决框架。对于一段文本序列 $S = w_1, w_2, \cdots, w_T$，它的概率可以表示为：

$$P(S) = P(w_1, w_2, \cdots, w_T) = \prod_{t=1}^{T} p(w_t \mid w_1, w_2, \cdots, w_{t-1})$$

但是由于参数空间比较庞大，这个模型在实际中很难运用。大多数时候我们用的是一个简化模型——N-Gram 模型。N-Gram 是计算机语言学和概率论范畴内的概念，是指一段文本或语音中 N 个项目（item）的序列。使用 N-Gram 模型，上述公式可以简化为：

$$p(w_t|w_1, w_2, \cdots, w_{t-1}) \approx p(w_t|w_{t-n+1}, \cdots, w_{t-1})$$

$N=1$ 时称为 UniGram，$N=2$ 称为 BiGram，$N=3$ 称为 TriGram。我们举一个实例。中文为"已分红和尚未分红的"，它的 BiGram 依次为：

P（"已"），P（"已"|"分红"），P（"分红"|"和"），P（"和"|"尚未"），P（"尚未"|"分红"），P（"分红"|"的"）

P（"已"），P（"已"|"分红"），P（"分红"|"和尚"），P（"和尚"|"未"），P（"未"|"分红"），P（"分红"|"的"）

我们通过计算在两种分词方式下整个句子的概率，可以达到消除歧义，确定正确的分词方式的目的。

通过 N-Gram 模型得到的简化公式，我们可以计算所有词语在特定情况下出现的概率，实现：

① 基于一定的语料库，利用 N-Gram 来预计或者评估一个句子是否合理。

② 评估两个字符串之间的差异程度。这是模糊匹配中常用的一种手段。

这里我们使用 $N=3$ 来进行训练，即每个词依赖前面两个词的概率。

（2）专词归一化：客户服务过程中产生的问题，存在大量与用户个人信息相关的内容，归一化可以将人名、地址、电话、金额等信息统一到同一维度，减少干扰。

（3）同义词和词权重：扩展词语的语义，删减非重要词汇，将用户的相似表达方式用于用户问答的意图识别，提高识别用户意图的准确度。

（4）Word2Vec：能够从空间距离的角度计算词语之间的相似度，捕捉到弱同义信息。

Word2Vec 是谷歌在 2013 年开源的一款工具，能够将词表征为实数值向量，通过将所有词语投影到 K 维向量空间，将每个词语都用一个 K 维向量表示。

一般来讲，词向量主要有两种形式，分别是稀疏向量和密集向量。稀疏向量（one-hot representation），是指用一个非常长的向量表示一个词，向量的长度为词典的大小 N，向量的分量只有一个 1，其他全为 0，1 的位置对应该词在词典中的索引。密集向量（distributed representation），即分布式表示，指通过训练把每个词映射成一个固定长度的短向量,所有的向量构成一个词向量空间,每一个向量为词向量空间上的一个点。

Word2Vec 的本质是借助语言模型构建一个多层神经网络,将词语的 K 维词向量作为网络参数的一部分来训练,借助存入的语料计算语言模型的概率。其目的是使输入语料的概率最大化,在训练过程中修正神经网络的参数,最后得到作为参数的一部分 K 维词向量。

Word2Vec 采用的模型有 CBOW(continuous bag-of-words,即连续的词袋模型)和 Skip-Gram 两种。

CBOW 方法的原理是用周围词预测中心词,利用中心词的预测结果,将每个词作为中心词,使用梯度下降(gradient descent)方法,不断调整周围词的向量,通过这种方法获得整个文本里面所有词的词向量。值得注意的是,CBOW 对周围词的调整是统一的:求出的梯度(gradient)值对每个周围词的词向量都起作用。CBOW 预测行为的次数近似等于整个文本的词数,复杂度大概是 $O(V)$。

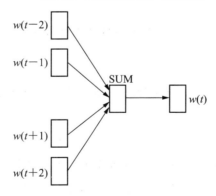

图 6　CBOW 模型预测图

资料来源:Mikolov, T., K.Chen, G.Corrado, and J.Dean, 2013, "Efficient Estimation of Word Representations in Vector Space". *Computer Science* 3.

Skip-Gram 方法的原理是用中心词来预测周围的词。它利用周围词的预测结果情况,使用梯度下降不断调整中心词的词向量,当所有的文本遍历完毕之后,就得到了文本所有词的词向量。Skip-Gram 的预测次数多于 CBOW,因为它需要将每个词作为中心词，然后使用周围词进行预测。这相当于 Skip-Gram 比 CBOW 方法需要多进行 K 次预测（K 为窗口大小），时间的复杂度为 $O(KV)$，因此 Skip-Gram 的训练时间比 CBOW 要长。但是因为 Skip-Gram 方法中，每个词都受到了周围词的影响，导致每个词作为中心词时，要进行 K 次预测、调整。因此，当数据量较少或者生僻词出现次数较少时，Skip-Gram 的多次调整会使词向量更加准确。我们的模型中使用了 Skip-Gram 方式进行训练。

INPUT　PROJECTION　OUTPUT

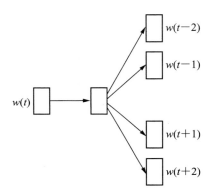

图 7　Skip-Gram 模型预测图

资料来源：同图 6。

总的来说，搜索方案就是将用户问句精简、降维，尽可能地消除干扰，来提高语义识别的准确率。

2. 深度学习方面

（1）语言模型（language model）：深度学习模型在捕捉语意信息方面有比较好的效果。问句进来后会先进行分词，通过分词把一句话切分成很多词，每个词被影射成一个多维语义向量，又称词向量。词向量是深度学习模型中的一种，通过训练大量的语料得到，其中包含了语义信息，是深度学习模型的输入。本章设计的深度学习技术方案主要效果不依赖分词、近义词等技术手段，而是从整个句子的训练模型角度去命中意图和自学习。

（2）分类（classification）：分类利用了循环神经网络模型（recurrent neural networks，RNN），RNN 将用户问题一步到位映射到每个 FAQ 上，用户意图输出采用概率分布的方式,即分类器的形式。每一个意图可对应到一个 FAQ 上,我们需要对每一个 FAQ 做一定数量的标注才能训练模型。每个业务的标注场景数量各不相同,需根据业务的知识库情况进行标注,上线业务的标注 FAQ 数量从几十到上万不等。

传统的多层感知机和针对自然语言处理的 CNN(卷积神经网络)的输入层都是不会变化的,而且它们都有一个前提假设:各元素之间、输入与输出质检是相互独立的。这个假设不符合语言是一种符号序列的属性。RNN 能够很好地解决这个问题,因为它能够在当前隐藏的网络状态中保留先前的输入信息,作为当前网络的输出。许多任务都需要模型输入或者生成序列,比如图片描述、语音识别、语音合成、机器翻译以及人机对话等。

图 8 中右边的每个方框都相当于一个单元,并且每个单元做的事情都是相同的,因此可以整合成左边的样式。RNN 就是重复使用一个单元结构,其中 A 是被多次使用的部分,x 是时序上的输入,例如每个词的词向量,h 是每个时序点的输出。所以 RNN 实际是一个序列到序列的模型,假设 x_{t-1}, x_t, x_{t+1} 是一个输入——“我爱中国”,那么 h_{t-1}, h_t 就应该对应“爱”“中国”这两个,然后预测所有词在最后一个字后面出现的概率,比如“风”的概率最大,对应输出为“我爱中国风”。在实际使用中,h 不是非要表示一个特定的“语句”,可表征任意时序上的一个序列。

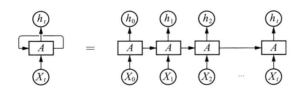

图 8　RNN 模型图

资料来源:Colah,2015,“Understanding LSTM Networks”. http://colah. github. io/posts/2015-08-Understanding-LSTMs/。

RNN 模型能够处理序列数据,然而它有一个问题:模型内含大量参数,但是训练时序维度的梯度消失和梯度爆炸问题是很难的,所以后期出现一系列对 RNN 优化的模型,比如网络结构、求解算法与并行化。近年来,双向的 RNN 网络结构(bidirectional RNN,BRNN)与长短期记忆网络(LSTM)有了突破性的进展。

LSTM 可以看作 RNN 网络的一种特殊情况。它利用门控机制能够很好地缓解 RNN 网络存在的梯度爆炸和梯度消失问题。

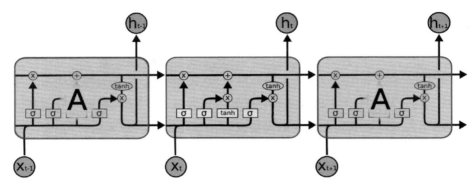

图 9　LSTM 网络结构图

资料来源：同图 8。

如图 9 所示，LSTM 单元是利用网络结构来缓解梯度消失问题的。每个 LSTM 包含三个门控单元，即输入门、遗忘门和输出门，以及一个记忆单元，用来控制单元的整体信息流动。

输入门 i_t 能够控制当前词 x_t 的信息融入记忆单元 C_t。在正确理解一句话的时候，当前词 x_t 可能在理解整句话的意思中起重要作用，也可能不起作用。输入门的作用是判断当前词 x_t 在整句话中的重要性。打开输入门开关后，网络将忽略当前输入 x_t。

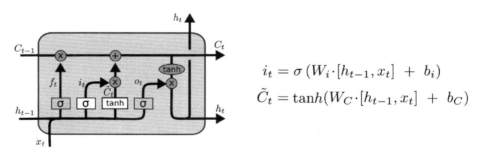

$$i_t = \sigma\left(W_i \cdot [h_{t-1}, x_t] + b_i\right)$$
$$\tilde{C}_t = \tanh(W_C \cdot [h_{t-1}, x_t] + b_C)$$

图 10　LSTM 输入门信息流

资料来源：同图 8。

遗忘门 f_t 能够控制上一时刻记忆单元 C_{t-1} 的信息融入记忆单元 C_t。在一句话中,当前词 x_t 表达的信息可能与上文的意思一致,是在延续上文表达,也可能与上文的意思不同,从当前词 x_t 开始描述新的内容。和输入门 i_t 不同,f_t 不判断当前词 x_t 的重要性,而是对上一时刻的记忆单元 C_{t-1} 对计算当前记忆单元 C_t 的重要性进行判断。打开 f_t 开关后,网络将忽略上一时刻的记忆单元 C_{t-1}。输入门和遗忘门一同控制记忆单元 C_t 中需融入的信息。

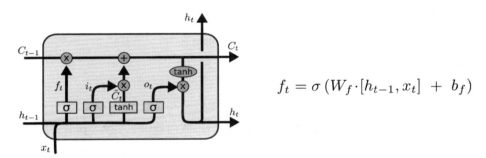

$$f_t = \sigma \left(W_f \cdot [h_{t-1}, x_t] + b_f \right)$$

图 11　LSTM 遗忘门信息流

资料来源:同图 8。

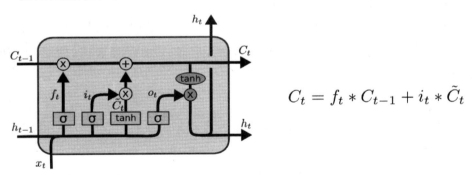

$$C_t = f_t * C_{t-1} + i_t * \tilde{C}_t$$

图 12　LSTM 输入门和遗忘门共同控制记忆信息

资料来源:同图 8。

输出门 o_t:输出门的目的是从记忆单元 C_t 产生隐层单元 h_t,C_t 中的部分信息可能和隐层单元 h_t 无关,o_t 可以判断出 C_t 中哪些部分是对 h_t 有用的,哪些部分是无用的。记忆单元 C_t 包含了当前词 x_t 和前一时刻记忆单元 C_{t-1} 的信息。通过从 C_{t-1} 到 C_t 的"短路连接",梯度能够实现反向传播。当 f_t 处于闭合状态时,C_t 的梯度可以直接沿着最下面的短路线传递到 C_{t-1},不会受到参数 W 的影响,这就是 LSTM 能有效地缓解梯度消失现象的原因所在。

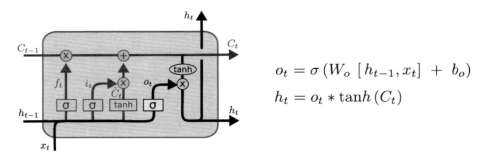

$$o_t = \sigma \left(W_o \left[h_{t-1}, x_t \right] + b_o \right)$$
$$h_t = o_t * \tanh \left(C_t \right)$$

图 13   LSTM 输出信息

资料来源：同图 8。

从 LSTM 的原理结构中可以得知，每一个单词进入模型之后，都会得到一个当前词 W_t 位置对应的表征向量 h_t，从语言的角度来看，该向量涵盖了 W_1 到 W_t 中所有的语义信息，因为 h_t 为网络的隐藏层输出，所以 h_t 也叫做句子的隐层向量，这个向量已足够包含整个句子的信息，所以，在某些场景下，句子的表征向量可以直接用 h_t 代替。这个句子的表征既可以用于意图分类任务，也可以用于序列生成任务。

将这两者采用传统的机器学习模型决策树进行排序（ranking），将搜索以及深度学习的特征融合为置信度。①置信度表征用户输入与 FAQ 表示的意图之间的相似程度。

3. 机器人的作用效果

（1）使知识库的管理更为便捷智能——自动完成新知识点的发现、有歧义知识点的发现、知识点的拆分，有效降低服务和维护压力。

（2）学习能力：通过前期教育，机器人能够举一反三，泛化能力强。同时机器人维护成本低，教育方式多样化，支持通过多种方式教育机器人，支持新增 FAQ 的快速教育。

（3）情感分析和敏感信息识别：机器人支持对用户问句进行情感分析和敏感信息识别，以便在用户愤怒或者提出敏感信息的时候，自动转人工。

（4）长句意图理解：要求机器人除了对短问句意图识别准确率比较高以外，对用户的长句问句（语句长度超过 40 个汉字的句子）也有很强的处理理解能力。

---

①   技术方案来源于追一科技。

3.3.2 机器人的系统结构

在本章中,我们运用追一科技的智能客服技术方案,研究如何将现有技术运用到具体的业务场景中,创建一个可解答上交所技术服务问题的智能机器人。

机器人需要基于大量语料学习才能举一反三,具备逻辑推理能力,因此我们需要对机器人进行训练。一个科学的、操作性强的系统是我们训练机器人的有利工具。本章设计的后台操作系统分为三大模块:在线服务、后台系统,以及系统训练。在线服务主要提供机器人问答接口,实时记录客服日志,并保证服务的安全性、可靠性、及时性等;后台系统提供了一套可以让操作人员管理维护知识库、对机器人进行教育、查看客服数据、分析用户的界面;系统训练是指使用产品系统中的标注数据进行机器人训练,并使用训练后的模型来支持在线机器人服务的过程。三大模块的功能及其关系如图 14 所示。

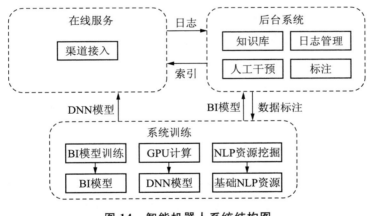

图 14 智能机器人系统结构图

（1）在线服务。在线服务主要提供机器人问答接口,起到衔接用户端与数据层的作用。当用户通过 QQ、微信发起咨询时,QQ、微信等渠道将数据传送给机器人问答接口,问答接口识别问句类型并传递给后台系统,后台系统给出回复后再次传送给问答接口,由问答接口传送给 QQ、微信,机器人问答接口在中间起衔接、分发作用。问句类型包括两类:"在吗?""你好。""谢谢"等寒暄问题,及"如何办理指定交易"等业务问题。用户端将数据传输给机器人,机器人对问题类型进行分类后,在对应知识库中搜索答案并传输给用户端。

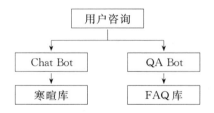

图 15　机器人引擎示意图

（2）后台系统。后台系统提供了一套可以让操作人员管理维护知识库、对机器人进行教育、对在线系统进行监控、数据分析与洞察用户的界面。因此，后台系统主要包括以下三部分：知识库、智能教育及离线客服日志。后台系统的结构如图 16 所示。

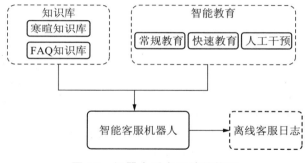

图 16　机器人后台系统结构图

① 知识库。知识库由一系列知识点和语料组成，在客服领域，知识点是对用户咨询问题以及客服回答进行的提炼、归纳和总结，语料是 FAQ 问句各种问法的集合，通常在智能教育中生成。根据服务维度可将知识库划分为业务知识库、行业通用知识库及寒暄知识库。业务知识库由上交所编写和维护；行业通用知识库由安信证券提供，经上交所审核，后期由上交所维护；寒暄知识库为行业通用寒暄库基础上个性化添加形成，无需频繁维护。

② 智能教育。由于中文表达形式的多样化，同一个问句存在多种表达形式，例如"什么是 A 股"，可以表述为"A 股的定义是什么""A 股的含义"等，智能机器人的最大优势是可以理解用户的自然语言，而智能教育的意义就是使机器人理解用户自然语言，建立起用户问句与标准 FAQ 之间的联系。智能教育的核心工作

是对 FAQ 添加语料,已构建训练模型并具有逻辑推理、归纳能力的机器人不仅习得添加的语料,还能习得这些语料的逻辑,因此用户采用新的问法进行提问时,机器人也能识别出对应的 FAQ,推送正确答案给用户。

智能教育共有三种:常规教育、快速教育、人工干预①。常规教育可快速提高机器人的泛化能力;快速教育旨在通过对尾部 FAQ 添加相似问句来改善知识库的薄弱环节;人工干预适用于对机器人回答错误的问句进行诊断和强干预。本章中,智能教育的操作步骤依次为常规教育、快速教育、人工干预。

a. 常规教育。完成的是对用户真实问句与知识库标准 FAQ 的匹配工作,教育方式是"数据标注",教育人员通过将用户问句标注到标准 FAQ 上,以加强机器人的泛化理解能力。数据标注的流程如图 17 所示。

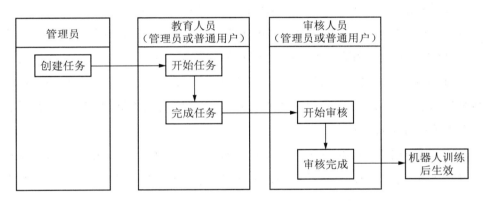

图 17　数据标注流程图

用户真实问句来源于上交所技术服务 QQ 群内的用户日志。数据清洗后筛选出近 500 条用户真实问句,但日志中寒暄用语较多,最终匹配到 FAQ 上的用户问句仅 48 条,其余全为"缺失"②或"忽略"③类型。数据标注效果较差,需通过快速教育和人工干预加强机器人学习。

b. 快速教育。对 FAQ 添加相似问句,让机器人泛化理解 FAQ 标准问题。相比于常规教育,快速教育的特点是有更强的针对性,可以快速提高机器人对新

---

① 技术方案来源于追一科技。
② 缺失:用户问句涉及知识库缺失的有效业务点,则标注"缺失"。
③ 忽略:用户问句不涉及真实有效的业务点或用户问句为意图不明的问句,则标注为"忽略"。

FAQ以及标注数据少的FAQ的泛化能力,相当于对知识库的短板进行教育。

原则上,为保证机器人学习效果,每条FAQ应添加30条语料数据①,但考虑到人力投入和FAQ使用率(客户咨询问题满足二八定律,即用户咨询问题中80%的问题为知识库中20%的头部问题),本章选择利用标注数据和人工挑选结合的方法确定头部FAQ(咨询量较多的FAQ),最终将导入系统的1 116条FAQ划分成两部分:头部FAQ 248条、尾部FAQ 868条。

按照头部FAQ至少添加30条语料、尾部FAQ至少添加10条语料的原则进行语料添加,确保机器人能准确匹配头部FAQ,可解答80%以上的用户咨询。非头部FAQ可在日常维护中根据机器人未命中数据逐步完善教育。

c. 人工干预。当从质检或其他渠道发现机器人回答不好的问题时,人工干预工具可以对错误问答进行诊断,发现机器人回答错误的原因,并支持对错误的知识点分别进行再教育。若错误回答中的标注数据有误,则将标注数据转移到正确的FAQ中或者直接删除。若应匹配FAQ标注数据太少,则需要增加相似问句。

③ 离线客服日志。我们可以通过客服日志查看机器人与用户的交互数据。客服日志默认记录最近一个月的机器人问答历史,支持按关键词、用户评价、是否转人工等条件进行筛选。

(3)系统训练。产品系统将人工标注数据传输至离线训练模块。通过深度学习算法以及模型的调优等技术处理方式,离线训练将逐步提升机器人对业务及用户问句的理解,进一步支持线上机器人的服务。

机器人训练通过产品系统完成,直接在产品系统的私有化训练工具上点击训练,系统将利用设计模型对所添加的数据进行训练。

从技术的角度讲,训练机器人可以看作训练一个神经网络模型。每个FAQ可以抽象成一类意图,机器人对意图的理解,可以抽象为一个分类任务。如图18所示,模型的输入就是标注好的用户问句,模型的输出就是该用户问句对应的意图类别(FAQ)。训练的过程就是依次将标注好的用户问句逐批送入网络,不断迭代更新网络参数,直到网络参数收敛,达到一个较好的状态,此时,我们称该模型被"训练"好了。

---

① 技术方案来源于追一科技。

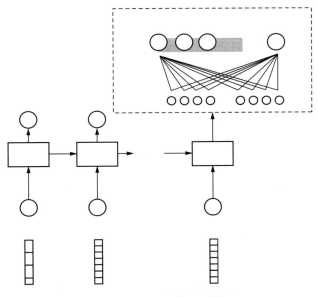

图 18　神经网络模型训练图

模型训练好后需要对机器人的准确率进行检验测试，确保机器人准确率达标，准确率检验的方法和标准将在第 3.5.2 部分中介绍。测试完成后，我们根据测试结果对回答效果不好的 FAQ 再次进行教育调优。在本章中，影响模型效果的因素主要有：

- 部分 FAQ 知识点的语义重复，导致机器人学习容易混淆；
- 数据不同问法很多，但同类问句缺乏，导致识别率不高；
- 不同 FAQ 的教育数据（相似问或标注数据）交叉混淆。

针对出现的问题采取以下措施：

- 合并语义重复的 FAQ 为一个 FAQ，并把所有教育数据合并到该 FAQ 内。如："什么情况下不允许撤销指定"和"哪些情况不能撤销指定交易"意思相近，语义重复，可以选择保留"什么情况下不允许撤销指定"知识点，并把"哪些情况不能撤销指定交易"下的所有数据转移到"什么情况下不允许撤销指定"里面。

- FAQ 的语料中不同类型的问法很多，但缺乏同类问句，机器人无法充分学习某一类问法，导致识别率不高。为使机器人充分学习，同类问句建议编写 3—4 条 FAQ（同类问句的概念：例如"A 股的含义""A 股的概念""A 股的定义"等问句属于 FAQ"什么是 A 股"的同类问句）。

●将不属于该 FAQ 的相似问数据转移到匹配的 FAQ 知识点里。如没有匹配的 FAQ 知识点，则删除该条数据。

3.3.3　机器人运营管理

机器人运营管理包括两个方面：一是系统维护；二是知识库管理，即 FAQ 和语料的管理。系统维护包括系统功能、安全性能等维护，通常由业务需求、技术更新等因素决定是否需要维护，在此处不作详细研究。

知识库相当于智能客服系统的大脑，其质量决定了检索模型的质量。由于业务知识变动、FAQ 语料匮乏等原因，知识库需要日常监控和维护，以保证机器人的回答准确率，因此知识库管理是至关重要的。知识库管理员应监控机器人运行情况，根据运营数据维护知识库。用户端和数据端通过机器人问答接口衔接，用户端的数据只有经过机器人问答接口才会被记录在系统中。

在机器人上线之前，由于机器人问答接口无法采集到用户端数据，因此若欲使用用户端的真实数据管理机器人，需人工将用户端的用户日志经过数据清洗、筛选得到用户问句，根据维护意图不同将用户问句做以下处理：

（1）数据标注，主要用来加强机器人的泛化理解能力。创建标注任务，按照系统要求的模板将用户问句导入，管理人员将用户真实问句与知识库内的 FAQ 进行匹配，达到教育机器人的效果。另外，可以通过标注过程中的"缺失"数据完善 FAQ，通过匹配率、缺失率数据评价知识库质量好坏。

（2）批量测试，主要用来评价机器人的回答准确率。按照系统要求的模板将用户问句导入批量测试链接，系统自动生成机器人回复答案。管理人员判定机器人回复结果是否正确，并计算机器人回答准确率。另外，还可以对回复错误的 FAQ 进行再教育（教育方法在上一部分中已讲述）。

机器人上线后，机器人问答接口可采集到用户端数据，因此可以通过系统中的工具管理知识库。管理系统提供了以下工具协助管理员管理知识库：

（1）FAQ 发现。发现知识库可能缺失的 FAQ。系统将日志中的用户问句进行聚类分析，自动推荐可能缺失的新 FAQ 以供参考，便于管理人员发现缺失知识点，快速完善知识库。

（2）快速教育。推荐近期新建的 FAQ、标注数据中未正确命中的 FAQ 及触达率高但相似问较少的 FAQ，便于管理人员快速教育学习不充分的头部 FAQ。

（3）歧义优化。机器人挑选出容易混淆的 FAQ，管理人员可对歧义 FAQ 做合并或歧义处理。

（4）客服日志。客服日志记录了机器人与用户的所有交互数据，管理员可重点查看以下数据维护知识库：

① 转人工数据。通过"客服日志"，根据条件筛选查看用户触发转人工的问句，分析用户转人工原因，并针对原因完善知识库。

② 拒识 FAQ 管理。若机器人无法在知识库中找到 FAQ 匹配用户问句时，机器人会对该 FAQ 做拒识处理并在前端反馈"问题超出解答范围，请咨询人工客服"，同时在后台计入拒识 FAQ。管理员可通过"客服日志"根据条件筛选查看被机器人拒识的数据，判定未命中是因为知识库中无 FAQ 可与用户问句匹配，还是因为能匹配的 FAQ 教育数据不足，机器人学习不充分，导致机器人未识别到匹配问句。若为第一种情况可视业务点的重要程度考虑是否需要添加知识点和语料，若为第二种情况则需要对能匹配的 FAQ 添加语料。

（5）质检。质检是检验机器人回答准确率的一种方法，通过"质检"菜单可对所有客服日志进行质量检查。系统还支持通过会话生成时间有针对性地对某时段内的工单进行质检。

若机器人直接回答正确或推荐回答中包含正确答案，则点击机器人回答正确的 FAQ；如果机器人回答错误且知识库中有能够解答的 FAQ，则点击"错误"并选择正确的 FAQ；如果知识库中没有 FAQ 能解答该问句，则标注"缺失"；如果用户意图不明，则标注"忽略"。完成标注后可查看本轮任务的回答准确率，包括综合准确率、推荐回答准确率、直接回答准确率。

（6）产品系统还支持查看以下服务数据：当天实时智能机器人运营数据、任意时间段的提问量和转人工率趋势、热点 FAQ 数据等。管理员可利用这些数据持续监控机器人的服务状况以及维护系统。另外，知识库更新后，需对机器人进行训练。

3.4 智能客服多渠道接入

3.4.1 智能语音导航

智能语音导航对接用户现有 IVR 系统（电话语音导航系统），实现扁平化的语音导航菜单服务，允许电话呼入的最终用户以开放的方式表述业务需求，系统识别并理解最终用户自然语言中包含的业务需求，从而将语音菜单导航到用户所需的功能节点，实现"菜单扁平化"。另外，我们在实验中发现，智能语音导航可配合后台机器人，支持智能问答功能，全面提升用户满意度，减轻人工服务压力，降低运营成本。

语音导航应用的主要技术有：智能语音识别技术（ASR）、自然语言理解技术（NLU）、语音合成技术（TTS）。智能语音导航实现菜单扁平化，节约用户等待时间，在提升用户体验的同时，提高客服中心总体服务质量。

本章中我们采用 FreeSWITCH 进行模拟。FreeSWITCH 是一个电话软交换解决方案，主要包括一个软电话和软交换机来提供语音和聊天的产品驱动。它可以作为交换机引擎、PBX、多媒体网关以及多媒体服务器等，通过 XML、脚本实现基本的 IVR 功能，再配合 mod_unimrcp 模块与 MRCP 服务器的 TTS、ASR 资源进行通信，即可实现一个简单的智能客服系统。FreeSWITCH 架构如图 19 所示。

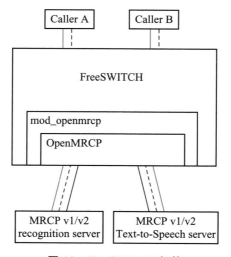

图 19　FreeSWITCH 架构

资料来源：Jonatas，2014. "mod-unimrcp". https://freeswitch.org/confluence/plugins/servlet/mobile?contentId＝6586728♯content/view/6586728。

　　媒体资源控制协议（media resource control protocol，MRCP）是一种基于 TCP/
IP 的通讯协议，用于客户端向媒体资源服务器请求提供各种媒体资源服务（陈茂
园，2014）。目前已定义的媒体资源服务有语音识别（speech recognition）、语音合
成（speech synthesis）、录音（recording）、说话人鉴别和确认（speaker verification and
identification）。MRCP 不管服务器与客户端是怎样连接的，它的消息使用 RTSP、
SIP 等作为控制协议，目前最新的 MRCPv2 版本使用 SIP 控制协议。在本章中，
我们采用 UniMRCP 开源框架进行扩展，语音识别采用百度实时语音转文字服
务，而语音合成则采用讯飞科技的实时文字转语音服务进行演示。为了展示
MRCP 协议的不同版本，语音识别采用的 MRCPv2 协议，而语音合成采用的
MRCPv1 协议。

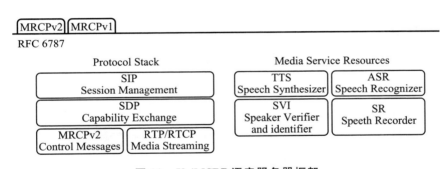

图 20　UniMCRP 语音服务器框架

资料来源：http：//www.unimrcp.org/。

● 首先，在 FreeSWITCH 中配置 UniMRCPv1 协议连接方式。如图 21 所示。

● 配置 UniMRCPv2 连接。如图 22 所示。

● 配置 FreeSWITCH 的 unimrcp 模块使用上述两个协议。如图 23 所示。

● 在 FreeSWITCH 中配置 5002 号码模拟上交所技术服务热线电话，并使用
Lua 脚本处理用户的呼入。如图 24 所示。

　　● 增加空的 grammar 文件。如图 25 所示。

　　● 增加 unimrcp_ivr.lua 处理脚本，电话接通后播放欢迎话术，引导用户语音输
入。通过 v2 协议调用百度语音转文字服务获取用户语音内容，并根据关键字匹
配转接至相应的服务部门。如图 26 所示。

```
1  <include>
2    <!-- UniMRCP Server MRCPv1 -->
3    <profile name="unimrcpserver-mrcp1" version="1">
4      <param name="server-ip" value="127.0.0.1"/>
5      <param name="server-port" value="1554"/>
6      <param name="resource-location" value=""/>
7      <param name="speechsynth" value="speechsynthesizer"/>
8      <param name="speechrecog" value="speechrecognizer"/>
9      <!--param name="rtp-ext-ip" value="auto"/-->
10     <param name="rtp-ip" value="127.0.0.1"/>
11     <param name="rtp-port-min" value="4000"/>
12     <param name="rtp-port-max" value="5000"/>
13     <!--param name="playout-delay" value="50"/-->
14     <!--param name="max-playout-delay" value="200"/-->
15     <!--param name="ptime" value="20"/-->
16     <param name="codecs" value="PCMU PCMA L16/96/8000"/>
17     <!-- Add any default MRCP params for SPEAK requests here -->
18     <synthparams>
19     </synthparams>
20     <!-- Add any default MRCP params for RECOGNIZE requests here -->
21     <recogparams>
22     <!--param name="start-input-timers" value="false"/-->
23     </recogparams>
24   </profile>
25 </include>
26
```

图 21　FreeSWITCH 配置 UniMRCPv1 连接

```
1  <include>
2    <!-- UniMRCP Server MRCPv2 -->
3    <!-- 后面我们使用该配置文件, 均使用 name 作为唯一标识, 而不是文件名 -->
4    <profile name="unimrcpserver-mrcp2" version="2">
5    <!-- MRCP 服务器地址和SIP端口号 -->
6      <param name="server-ip" value="127.0.0.1"/>
7      <param name="server-port" value="8060"/>
8      <param name="resource-location" value=""/>
9    <!-- FreeSWITCH IP、端口以及 SIP 传输方式 -->
10     <param name="client-ip" value="127.0.0.1" />
11     <param name="client-port" value="5069"/>
12     <param name="sip-transport" value="udp"/>
13     <param name="speechsynth" value="speechsynthesizer"/>
14     <param name="speechrecog" value="speechrecognizer"/>
15     <!--param name="rtp-ext-ip" value="auto"/-->
16     <param name="rtp-ip" value="127.0.0.1"/>
17     <param name="rtp-port-min" value="4000"/>
18     <param name="rtp-port-max" value="5000"/>
19     <param name="codecs" value="PCMU PCMA L16/96/8000"/>
20     <!-- Add any default MRCP params for SPEAK requests here -->
21     <synthparams>
22     </synthparams>
23     <!-- Add any default MRCP params for RECOGNIZE requests here -->
24     <recogparams>
25     </recogparams>
26   </profile>
27 </include>
28
```

图 22　FreeSWITCH 配置 UniMRCPv2 连接

```
1  <configuration name="unimrcp.conf" description="UniMRCP Client">
2    <settings>
3      <!-- UniMRCP profile to use for TTS -->
4      <param name="default-tts-profile" value="unimrcpserver-mrcp1"/>
5      <!-- UniMRCP profile to use for ASR -->
6      <param name="default-asr-profile" value="unimrcpserver-mrcp2"/>
7      <!-- UniMRCP logging level to appear in freeswitch.log.  Options are:
8          EMERGENCY|ALERT|CRITICAL|ERROR|WARNING|NOTICE|INFO|DEBUG -->
9      <param name="log-level" value="DEBUG"/>
10     <!-- Enable events for profile creation, open, and close -->
11     <param name="enable-profile-events" value="false"/>
12
13     <param name="max-connection-count" value="100"/>
14     <param name="offer-new-connection" value="1"/>
15     <param name="request-timeout" value="3000"/>
16   </settings>
17
18   <profiles>
19     <X-PRE-PROCESS cmd="include" data="../mrcp_profiles/*.xml"/>
20   </profiles>
21
22 </configuration>
```

图 23   FreeSWITCH 模块 unimrcp 配置

```
1  <extension name="ivr_unimrcp">
2    <condition field="destination_number" expression="^5002$">
3      <action application="answer"/>
4      <action application="lua" data="unimrcp_ivr.lua"/>
5    </condition>
6  </extension>
```

图 24   FreeSWITCH IVR 呼入电话配置

```
1  <?xml version="1.0" encoding="utf-8" ?>
2  <grammar version="1.0" xml:lang="zh-cn" root="Menu" tag-format="semantics/1.0"
3        xmlns=http://www.w3.org/2001/06/grammar
4        xmlns:sapi="http://schemas.microsoft.com/Speech/2002/06/SRGSExtensions">
5  </grammar>
```

图 25   FreeSWITCH 配置空的 grammar 文件

```
 1 require "LuaXML";
 2 xml_module = require("xml");
 3
 4 welcome = "ivr/ivr-welcome_to_freeswitch.wav"
 5 menu = "ivr/ivr-this_ivr_will_let_you_test_features.wav"
 6 grammar = "hello"
 7 no_input_timeout = 80000
 8 recognition_timeout = 80000
 9 confidence_threshold = 0.2
10 session:setAuthHangup(false)
11
12 session:set_tts_params("unimrcp", "xiaofang");
13 session:speak("请说出你要咨询的问题");
14
15 continue = true;
16 count = 20;
17 while (session:ready() and continue and count > 0) do
18     session:sleep(1000)
19     session:execute("play_and_detect_speech", menu .. "detect:unimrcp {start-input-
   timers=false,no-input-timeout="
20         .. no_input_timeout .. ",recognition-timeout="
21         .. recognition_timeout .. "}" .. grammar)
22     xml = session:getVariable("detect_speech_result")
23     if (xml == nil) then
24         freeswitch.consoleLog("CRIT", "Result is 'nil'\n");
25         count = count - 1;
26     else
27         freeswitch.consoleLog("CRT", "Result is '" .. xml .. "'\n")
28
29         recog_response = xml_module.eval(xml);
30
31         recog_input = string.sub(xml_module.find(
32             xml_module.find(recog_response, "interpretation"),
33             'input'
34         )[1], 1, -2);
35
36         if (string.find(recog_input, "测试")
37             or string.find(recog_input, "生产")
38             or string.find(recog_input, "上市公司")
39             or string.find(recog_input, "全天候")
40             or string.find(recog_input, "报盘")
41             or string.find(recog_input, "委托")
42             or string.find(recog_input, "订单")) then
43                 session:speak("系统将为您转接至客户服务部");
44                 session:transfer("1003", "XML", "default");
45                 continue = false;
46         else
47             if (string.find(recog_input, "卫星")
48                 or string.find(recog_input, "链路")
49                 or string.find(recog_input, "广域网")) then
50                     session:speak("系统将为您转接至运行部");
51                     session:transfer("1002", "XML", "default");
52                     continue = false;
53             else
54                 session:speak("不好意思，我没有听清，请重新说出您要咨询的问题");
55                 count = count - 1
56                 session:speak("系统将为您转接至客户服务部")
57                 session:transfer("1004", "XML", "default")
58                 continue = false
59             end
60         end
61     end
62 end
63 session:sleep(250)
64
```

图 26　FreeSWITCH 智能导航 Lua 脚本配置

　　FreeSWITCH 在用户拨通热线电话后,通过 MRCPv2 协议建立与 MRCP 语音识别服务的连接。在 MRCPv2 协议中,FreeSWITCH 通过 SIP 协议发送控制指令,控制服务器开始和结束语音识别,而用户的语音通过 RTP 协议发送给 MRCP 服务器,服务器调用百度 ASR 服务进行实时语音转文字识别,并将结果通过 RTP 协议返回给 FreeSWITCH。FreeSWITCH 判断结果中是否存在预定义的关键词,并通过 MRCPv1 协议与 MRCP 文字转语音服务器进行连接,向用户播报相应的提示信息,然后将电话转接至对应的部门。

3.4.2　微信智能客服

　　微信智能客服构建在上交所已有的"上交所技术服务(SSE-TechService)"微信公众号的基础上,通过引入智能机器人扩展现有公众号的服务能力。同时,将智能客服与人工客服结合起来,在微客服插件未被激活的情况下,对于智能机器人能回答的用户咨询进行直接回答,当机器人无法回答或者用户对回答不满意时可以快速切换至人工客服进行服务。

　　当前上交所技术服务公众号使用开源 WeiPHP 框架进行管理,并在框架基础上开发了微客服扩展,接入人工客服进行服务。WeiPHP 的框架使用关键字进行扩展匹配。当前微客服的激活关键字是"666",也就是说当用户发送关键字"666"时微客服插件被激活,进入人工客服阶段。智能客服的引入必须在现有流程的基础上进行扩展,当用户输入咨询问题时由智能客服进行回答,如果用户输入"666"时智能客服要让步于人工客服。此外,智能机器人除了直接回答用户的问题外,对意图不明确的问题,机器人采取推荐问的形式反馈用户,形式如下:

　　Q:"股票"

　　A:"您是不是想问以下问题:

　　股票周日能否买卖?

　　股票买卖存在哪些风险?

　　股票买卖如何进行银证转账?"

　　针对上述场景,为了优化用户体验,使用户能够快速选择需要的推荐问进行咨询,我们对场景进行了扩展:

　　Q:"股票"

A:"您是不是想问以下问题：

1. 股票周日能否买卖？

2. 股票买卖存在哪些风险？

3. 股票买卖如何进行银证转账？"

智能客服扩展需要识别用户输入的数字解答相应问题。在实现时，我们使用 Redis 作为推荐问的缓存。当用户输入数字时，从 Redis 缓存中解析出用户上一问题的推荐问列表中选取对应的问句，并通过智能机器人获取相应的答案进行反馈。

图 27 是微信智能客服的流程图。微信智能客服的核心代码如图 28 所示。

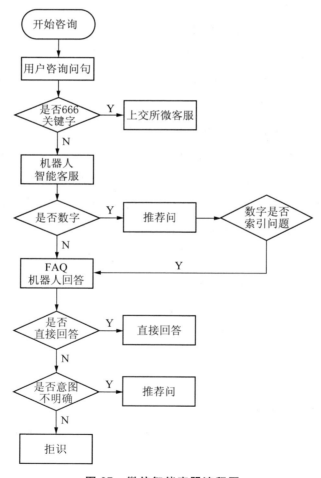

图 27 微信智能客服流程图

```
 1 class WeixinAddonModel extends WeixinModel {
 2     function _http_post_ data($url, $data_string) {
 3         $ch= curl_ init();
 4         curl_setopt($ch, CURLOPT_POST, 1);
 5         curl_setopt($ch, CURLOPT_URL, $url);
 6         curl_setopt($ch, CURLOPT_POSTFIELDS, $data_string);
 7         curl_setopt($ch, CURLOPT_HTTPHEADER, array(
 8             'Content-Type: application/json; charset=utf-8',
 9             'Content-Length:' . strlen($data_string))
10         );
11         ob_start();
12         curl_exec($ch);
13         $return_content = ob_get_contents();
14         ob_end_clean( );
15         $return_code = curl_getinfo($ch, CURLINFO_HTTP_CODE);
16         return array($return_code, $return_content);
17     }
18
19     function process_question($fromUser, $question) {
20         $real_question = $question;
21         Autoloader: :register();
22         $redis = new Client();
23         if ($redis->hexists($fromUser, $question)) {
24             $real_question = $redis->hget($fromUser, $question);
25         }
26         return $real_question;
27     }
28
29     function reply($dataArr, $keywordArr = array()) {
30         $fromUserName = $dataArr["FromUserName"];
31         $question = $this-> _process_question($fromUserName, $dataArr["Content"]);
32         $account = "1111111111";
33         $ip = "127.0.0.1";
34         $pubkey = "21X/ZFqCidBUJ47fAYTSRqngD9IBkJigUFXV/1Mz13w" ;
35         $prikey = "e335e3c1b6f9eef91facd708765d2fcc";
36         $originTextTosign = $account . $ip . $pubkey . $question . $prikey;
37         $base64TextToSign = base64_encode($originTextToSign);
38         $sign = md5($base64TextToSign);
39         $url = "http://127.0.0.1/ common/query";
40         $data = json_encode(array('question' => $question, 'ip' => $ip,
41                                     'account' => $account,  'pubkey' =>
$pubkey,
42                                     'sign' => $sign));
43         list($return_code, $return_content) = $this->_ http_post_ data($url, $data);
44         $return_content = json_decode( $return_content, True);
45
46         $response = "抱歉，这个问题超出了我的解答范围，您可以输入数字[00] 转人工客服";
47         if ($return_content["reject_recog"] != 1 and ($return_content["answer_type"] ==
"faq"
48             or $return_content["answer_type"] == "chat"
49             or $return_content["answer_type"] == "kb")) {
50             if (count($return_content["info"]) == 1) {
51                 $response = $return_content ["info"][0]["answer"]
52                     . "\n如果您对答案不满意，请输入数字[00] 转人工客服";
53             } else {
54                 $response = "您可能关心的问题如下，请直接回复数字进行了解: \n";
55                 $index = 1;
56                 $redis = new Client();
57                 $redis->del($fromUserName);
58                 foreach($return_content["info"] as $info) {
59                     $redis->hset($fromUserName, $index, $info["question"]);
60                     $response = $response . $ index . ". " . $info["question"] . "\n";
61                     $index = $index + 1
62                 }
63                 $response = $response . "如果您对答案不满意， 请输入数字[00] 转入工客服" ;
64             }
65         }
66         $this->replyText($response);
67     }
68 }
```

图 28　微信智能客服核心代码

3.4.3　QQ智能客服

QQ智能客服计划在上交所现有QQ渠道的基础上扩展服务能力,实现7×24小时的智能服务,弥补当前人工客服的不足。用户通过QQ群或者一对一向智能客服咨询上交所当前FAQ库的相关问题时,机器人可快速获取问题的答案。同时,当问题没有得到解决时,可以方便地切换到人工服务。

目前接入QQ进行智能回复的方式是基于Smart QQ协议实现登陆、接收和发送消息。QQ智能客服的主要问题在于当前QQ协议相对比较封闭,很多功能并没有对外开放。具体而言,QQ当前的协议存在以下限制:

(1)无法长时间保持在线状态。每次登录成功后的cookie会在每1—2天后失效,导致被腾讯服务器强制下线,此时必须手工扫码重新登录。

(2)无法发送图片、文件、音频、xml卡片消息。

(3)无法在群内@其他成员。

(4)无法向群/讨论组内的其他非好友成员发送临时会话消息,也无法收到非好友成员发送的临时会话消息。

在以上限制的基础上,我们希望用户在QQ的咨询体验和在微信公众号的体验能大体上一致,整体流程保持不变,唯一的区别在于QQ中无法使用类似WeiPHP这样的管理框架进行管理。另外,因为QQ的限制,用户无法通过输入"666"来实现转人工,因此我们使用一个单独的QQ账号模拟机器人,用户通过私信该QQ账号可以实现智能问答的效果,而通过将该QQ账号加入上交所技术服务QQ群,群里用户通过"@该账号＋咨询问题"的方式可以在QQ群中实现智能问答的目的。

我们在开源的基于python的QQBot框架基础上进行扩展,增加了QQChatBot插件。同时,我们采用和微信公众号智能客服相同的Redis缓存方式,实现了用户意图不明确时直接输入数字进行快速问答的效果。QQChatBot的核心代码如图29所示。

```
 1 def analyzeSemantic(contact, member, question, redis_conn):
 2     account = "11111111111"
 3     ip = "127.0.0.1"
 4     pubkey = "21X/ZFqCidBUJ47fAYTSRqngD9IBkJigUFXV/1Mzl3w"
 5     prikey = "e335e3c1b6f9eef91facd708765d2fcc"
 6     originTextToSign = account + ip + pubkey + question + prikey
 7     base64TextToSign = base64. b64encode(originTextToSign)
 8     sign = hashlib.md5(base64TextToSign).hexdigest()
 9     data = {"question":question, "ip":ip, "account": account, "pubkey": pubkey,
   "sign":sign}
10     try:
11         result = requests.post('http://127.0.0.1/common/query', data)
12         semantic = json.loads(result.text)
13         if semantic['reject_ recog'] != 1 and (semantic['answer_type'] == 'faq'
14             or semantic['answer_type'] == 'chat' or semantic['answer_ type'] == 'kb'):
15             if len(semantic['info']) == 1:
16                 return semantic['info'][0]['answer ']
17             else:
18                 answer = "亲,您可能关心的问题如下,请直接回复数字进行了解: \n"
19                 index = 1
20                 key =_ cacheKey(contact, member )
21                 for semantic_info in semantic['info']:
22                     answer = answer + str( index) + ". " + semantic_ info['question'] +
   "\n"
23                     redis_ conn.hset(key, index, semantic_ info['question'])
24                     index = index + 1
25                 return answer
26         return "抱歉,这个问题超出了我的解答范围,请咨询人工客服"
27     except:
28         return "抱歉,这个问题超出了我的解答范围,请咨询人工客服"
29
30
31 def onQQMessage(bot, contact, member, content):
32     if not bot. isMe(contact, member):
33         redis_conn = redis .Redis(host='localhost', port=6379, decode_responses=True)
34         if contact.ctype == 'group' and contact.name == '上交所QQ智能客服测试' and '[@ME]
   in content':
35             question =_ processQuestion(contact = contact.name , member = member.name,
   question = content . replace( '@张章章', '').replace('[@ME]', ''), redis_ .conn = redis_
   conn)
36             reply=member.name+':\n ' + question + '\n-------------------------\n'
37             reply = reply + analyzeSemantic(contact, name, member.name, question, redis_
   conn)
38             bot.SendTo(contact, reply, resendOn1202 = False)
39         if contact.ctype == 'buddy' :
40             question =_ processQuestion(contact = contact.name, member = None, question
   = content, redis_conn = redis_conn)
41             reply = analyzeSemantic( contact.name, None, question, redis_conn)
42             bot.SendTo(contact, reply, resendOn1202=False)
43
44 def _processQuestion(contact, member, question, redis_conn):
45     real_question = question.lstrip()
46     key = _cacheKey(contact, member)
47     if redis_conn.hexists(key, question):
48         real_question = redis_conn.hget(key, question)
49     else:
50         redis_ conn.hdel(key, question)
51     return real_question
52
53 def _cacheKey(contact, member):
54     key = contact
55     if member:
56         key = key + "_" + member
57     return key
58
```

图 29   QQChatBot 核心代码

3.5　结果分析

3.5.1　机器人综合效果检验

机器人回答准确率是检验机器人学习效果最直接、最客观的方法,我们可以采用测试集来检验机器人回答准确率。一般情况下,测试集有两种采集方式:(1)选取未做标注的近期的客户真实问句作为测试集;(2)模拟客户问句编写测试集。在本章中,由于上交所前期积累的客户真实问句数据较少,故采用了人工编写测试集的方式。由于客户咨询问题满足二八定律,在编写测试集时遵行这个原则,我们对前期挑选的 248 条头部 FAQ 编写了 2—3 条测试集,挑选 300 条非头部 FAQ,对每条 FAQ 编写 1 条测试集,共编写测试集 800 条。

机器人回答形式分直接回答和推荐回答两种。直接回答是指机器人能够针对用户提出的问题直接给出一个答案,推荐回答是指机器人对用户提出的问题给出三个备选答案让用户选择。根据以上回答形式,有以下几个评判标准:[1]

(1) 综合准确率 $= \dfrac{\text{直正}+\text{推正}}{\text{测试集问句总数}-\text{无效问句数}} \times 100\%$

(2) TOP1 准确率 $= \dfrac{\text{TOP1 正确数}}{\text{测试集问句总数}-\text{无效问句数}} \times 100\%$

(3) 直接回答占比 $= \dfrac{\text{直正}+\text{直错}}{\text{测试集问句总数}-\text{无效问句数}} \times 100\%$

其中,

无效问句:用户问句为无意义问句,或者目前知识库未覆盖的问句;

TOP1 正确:机器人返回的第一个回答为正确答案;

直正:直接回答正确;

直错:直接回答错误;

推正:推荐回答正确;

推错:推荐回答错误。

将 800 条测试集批量导入系统后,得到测试结果:头部 FAQ 的综合准确率为 86%,全部 FAQ 的综合准确率为 75%。具体后续能达到多少的综合准确率,则

---

[1]　技术方案来源于追一科技。

要看后续运营的情况和数据的质量。

3.5.2　多渠道接入效果

微信智能客服与 QQ 智能客服的准确率取决于智能机器人的准确率，具体可参考上一部分内容。微信智能客服与 QQ 智能客服的回答准确率能达到课题要求标准。

然而，在接入效果上面，微信智能客服的体验效果能达到预期效果，但 QQ 智能客服因受腾讯 QQ 的服务协议的限制，目前服务形式上存在一些限制，可能使用户体验不佳。首先，需要"用户在 QQ 群里@机器人并加咨询问题"的提问方式过于繁琐；其次，机器人回答用户问题时无法@用户，而群聊中可能同时多人发送多条消息，用户需要在群消息中查找机器人的回复答案。使用企业版 QQ 能解决部分问题，提升用户体验。

智能 IVR 的准确率主要取决于语音识别的准确率。本章演示中的语音识别采用百度实时语音转文字在线服务进行识别，百度号称准确率能达到 97％，但这一前提是在特定条件下进行测试，比如环境绝对安静。另外百度的语音识别还考虑到了环境和感情等方面的问题。例如在比较空旷和嘈杂的环境里，百度语音团队给出的远场方案可以基于麦克风阵列，利用麦克风阵列束形成、语音增强、回声消除、声源定位等技术综合实现高准确率远场识别。

我们使用 FreeSWITCH 进行了测试，在正常办公室的环境下语音指令的识别准确率能达到 80％以上，如果在相对嘈杂的环境下准确率就下降得比较多，容易受到噪音的干扰。当然，结合上交所技术服务的应用场景，用户大部分是在办公室中进行咨询，识别的准确率还是可以接受的。

3.6　可改进点分析

当前版本的智能 IVR 仅仅通过识别用户语音进行文字转换，对所得结果进行关键字匹配以实现转接到相应的部门，并没有和智能机器人结合起来。因此设想，既然我们接入了讯飞的 TTS 文字转语音功能，何不把智能机器人服务引入智能 IVR，实现通过电话直接回答用户问题呢？于是我们修改了 FreeSWITCH 的 MRCP 的 Lua 脚本，接入智能机器人服务。如图 30 所示。

```lua
1 local cjson = require "cjson";
2 local md5 = require "md5" ;
3 require "base64" ;
4 require "LuaXML";
5 xml_module = require("xml");
6
7 account = "11111111111";
8 ip = "127.0.0. 1";
9 pubkey = "21X/ZFqCidBUJ47fAYTSRqngD9IBkJigUFXV/1Mz13w";
10 prikey = "e335e3c1b6f9eef91facd708765d2fcc";
11 welcome = "ivr/ivr-welcome_to_freeswitch.wav";
12 menu = "ivr/ ivr-this_ivr_will_let_you_test_features.wav"
13 grammar = "hello"
14 no_input_timeout = 80000
15 recognition_timeout = 80000
16 confidence_threshold = 0.2
17 session:setAutoHangup(false)
18 session:set_tts_parms("unimrcp", "xiaofang");
19 session:speak("请说出您要咨询的问题"):
20 continue = true;
21 count = 20;
22 while (session:ready( ) and continue and count > 0) do
23     session:sleep(1000);
24     session:execute("play_and_detect_speech", menu
25         .. "detect:unimrcp {start-input-timers=false,no-input-timeout="
26         .. no_input_t imeout .. ", recognition-timeout="
27         .. recognition_timeout .. "}" .. grammar )
28         xml = session:getvariable("detect_speech_result" )
29     if (xml == nil) then
30         freeswitch.consoleLog("CRIT", "Result is 'nil' \n");
31         count = count - 1
32     else
33         freeswitch.consoleLog( "CRIT", "Result is '" .. xml .. "'\n")
34         recog_response = xml_module.eval(xml) ;
35         recog_input = string.sub( xml_module.find(
36             xml_ module.find(recog_response, 'interpretation' ),
37             'input')[1], 1, -2);
38         origin_text_to_sign = account .. ip .. pubkey .. recog_input .. prikey;
39         base64_text_to_sign = to_base64(origin_text_to_sign) ;
40         sign = md5.sumhexa(base64_text_to_sign) ;
41         faq_url = "http://127.0.0.1/common/query"
42             .. "content-type application/json post '{\"question\":\""
43             .. recog_input .. "\", \"ip\":\"" .. ip .. "\", \"account": \""
44             .. account .. "\", \"pubkey\":\"" .. pubkey .. "\", \"sign\": \""
45             .. sign .. "\"}'"
46         session:execute("curl", faq_url);
47         curl_response_code = session:getvariable("curl_response_code") ;
48         curl_response = session:getVariable("curl_response_data") ;
49         freeswitch.consoleLog( "CRIT", "Result is '" .. curl_response .. "'\n");
50         faq_response = cjson.decode(curl_response);
51         freeswitch.consoleLog("CRIT", "answer_type is '" .. faq_response['answer_type'] .. "'\n");
52         if (#faq_ response["info"] == 1) then
53             answer = faq_response["info"][1]["answer"] ;
54             freeswitch.consoleLog( "CRIT", "answer is '" .. answer .. "'\n");
55             session:speak(answer);
56         else
57             if (string.find(recog_input, "测试")
58                 or string.find(recog_input, "生产")
59                 or string.find(recog_input, "上市公司")
60                 or string.find(recog_input, "全天候")
61                 or string.find(recog_input, "报盘")
62                 or string.find(recog_input, "委托")
63                 or string.find(recog_input, "订单")) then
64                 session:speak("系统将为您转接至客户服务部");
65                 session: transfer("1003", "XML", "default")
66                 continue = false;
67             else
68                 if (string.find(recog_input, "卫星")
69                     or string.find(recog_input, "链路")
70                     or string.find(recog_input, "广域网")) then
71                     session:speak("系统将为您转接至运行部") ;
72                     session:transfer("1002", "XML", "default" )
73                     continue = false;
74                 else
75                     session:speak("不好意思，我没有听清，请重新说出您要咨询的问题");
76                     count=count - 1;
77                 end
78             end
79         end
80     end
81 end
82 session: sleep(250 )
83
```

图 30   IVR 改进

我们通过 TTS 服务实现了智能语音应答的效果,但体验并不是很好。这是因为 FAQ 的答案有时候很长,在 TTS 播报答案的过程中,如果能实时监听用户的语音输入取消播报就更好,不过我们也能从中看到智能 IVR 的潜力。

4　研究结论与展望

4.1　研究总结

本章从分析证券信息技术在客服领域的应用入手,结合上交所现状,先确定智能客服的具体运用领域为创建智能语音导航,在 QQ、微信上接入在线智能客服,由此正式开始课题研究。本章的研究结论如下:

(1)智能语音导航可以采用 FreeSWITCH 进行模拟,FreeSWITCH 是一个电话软交换解决方案,包括一个软电话和软交换机,用以提供语音和聊天的产品驱动。它可以通过 XML、脚本实现基本的 IVR 功能,再配合 mod_unimrcp 模块与 MRCP 服务器的 TTS、ASR 资源进行通信,即可实现一个简单的智能客服系统。

(2)在 QQ、微信上接入智能客服的关键是开发一个支持多渠道接入、统一管理的智能机器人。智能机器人的核心为训练模型和语料,本章提出了一种运用自然语言处理、循环神经网络(RNN)等技术创建神经网络模型的方法,神经网络模型能对现有的语料进行学习,举一反三,使机器人能快速捕捉到提问者的语意并作出准确回复。

(3)提出了一种在微信上接入智能客服的方法。当前上交所技术服务公众号使用开源 WeiPHP 框架进行管理,并在框架基础上开发了微客服扩展,当用户触发人工指令时,接入人工客服。微信公众号引入智能客服必须在现有流程的基础上进行扩展,当用户输入咨询问题时,机器人先判断是否为转人工指令,若非转人工指令,则由智能客服进行回答,并提示用户转人工的方式,用户触发转人工指令时转至人工客服。

(4)基于上交所目前 QQ 的服务形式,提出了一种在 QQ 上接入智能客服的方法。基于 Smart QQ 协议在 QQ 群内新建 QQ 角色——智能客服,并将该 QQ 角色与智能机器人对接。当群内用户采用"@机器人＋咨询问题"或对 QQ 发起私聊消息时，QQ 可调取智能机器人的结果发送给用户。

4.2   未来研究方向

智能机器人的开发过程中，机器人的效果和训练模型有很大关系，与语料更是大有关系，语料即神经网络模型的训练数据。因为意图识别和实体抽取都是有监督学习，因此所需要的训练数据都是标注数据。目前主流的标注方法是"数据标注＋人工生成"：（1）数据标注，从人工客服积累的大量日志中清洗出用户咨询问句，并将问句与标准知识库中的 FAQ 进行匹配，通过此方法快速提高机器人的泛化能力；（2）人工生成，对语料数据不足的 FAQ 通过人工编写相似问的方式完善。

这种方法导致机器人开发前期的人力成本高，并且语料质量不能得到有效保证。现有一些技术已能改进此现象，数据标注前可先对用户日志进行聚类，把语意相同的语料放置一起，形成一个"簇"，仅需人工核实该簇内语料是否可全部匹配到同一个 FAQ 并进行相应操作即可。人工编写相似问则可借助基于规则的语言模型，实现半自动化生成语料，减少人工投入。

最常见的聚类算法有 K-Means、谱聚类等，半自动化生成语料可以通过构建"自然语言生成系统"，导入中文词库，系统自动提取关键词并进行同义转换，实现半自动化生成语料。因此，未来的研究可以从这两个方面入手，探索如何运用现有技术达到简化语料管理工作的目的。

参考文献

陈茂园：《MRCPv2 在电信智能语音识别业务中的应用》，《工业技术》2014 年第 3 期。
洪大可：《"服务＋营销"双轮驱动的商业银行客服中心价值创造》，《客户世界》2013 年第 4 期。
中国电子技术标准化研究院：《人工智能标准化白皮书（2018 版）》，2018 年。
宗成庆：《统计自然语言处理》，清华大学出版社 2008 年版，第 325—337 页。

基于大数据与机器学习的证券行业智能运维体系建设[*]

1.1 绪论

AIOps 即智能运维,即通过系统运行过程中所产生的数据,运用 AI 和算法、运筹理论等相关技术,对运维数据进行分析,进而提升运维效率的新一代运维手段和方法。高德纳公司(Gartner)在 2018 年的一篇市场报告中建议,I&O 领导者应该启动 AIOps 部署,以优化当前的性能分析,并在未来两到五年内扩展到 IT 服务管理和自动化。目前,AIOps 在国内外的领先互联网企业开始被逐渐应用,是近年来国内外普遍看好的新技术。

券商作为最先实现电子化的金融机构,通过 30 多年的发展,已经积累了大量稳态运维的软硬件基础架构运维的数据及经验。同时,市场竞争加剧要求券商响应业务快速迭代发展的需要,IT 运维越来越受到敏态业务带来的交付效率和运维质量的压力。在双态 IT 运维环境中,如何保证业务系统的稳定性,具备故障的快速定位、根因调查,极大地挑战券商的 IT 运维团队的水平和运维工作的有效性。AIOps 技术对大量运维中产生的数据,运用 AI 和算法等相关技术进行分析,提升传统运维方式的运维效率。

1.1.1 研究目标

金融科技在券商行业高速发展,给传统 IT 运维带来了压力。这主要表现在:

---

* 本章由光大证券股份有限公司、清华大学 NetMan 实验室、合胜科技、日志易共同完成,团队成员包括周雄伟、吴浩、孙伟、耿锋等。感谢多支专家队伍提供帮助:整个项目的建设规划、方案设计以及具体实施由光大证券系统架构师、运维专家和资深开发负责;数据的采集处理以及智能算法运用则分别由日志易公司以及清华大学 NetMan 实验室提供支持。

金融科技带来的 IT 建设规模越来越大,IT 运维的复杂度也越来越高;来自监管的 IT 运维的要求也越来越高,99.99％可用性要求对连续性管理提出了更高的要求;"两地三中心"的部署架构,管理的硬件设备数以千计,TB 级的运维数据分散在各个复杂的系统中。

面对这些难点,券商近年都在运维方面投入了大量的资源,运维水平得以较大提升。比较具有代表性的包括:通过 ITIL 和 CMDB 的建设实现运维标准化;通过自动化运维工具的引入提高了运维效率;通过大数据平台建设实现了数据处理能力的大幅度提升;通过集中监控和数据采集的建设逐步实现了监控和运维数据的统一处理。

经过与多家券商以及智能运维厂商进行调研和交流,可知目前券商在智能运维领域处于探索阶段,建设的进度参差不齐,部分券商已经建设了大数据平台,并实现了运维数据的集中采集分析。部分券商开始将运维数据结合算法的运维场景在大数据平台进行落地,但均采用以实现应用场景落地为目标的方式进行建设,整体架构尚不清晰,无法将运维数据的价值进一步整合和利用。

本章旨在通过光大证券基于大数据与机器学习的证券行业智能运维体系的建设和研究,构建证券行业智能运维 AIOps 的实施路径及落地方法。

1.1.2　研究方法

通过研究智能运维体系的建设,将日常运维活动产生的运维数据进行采集、整合,引入成熟的算法和机器学习技术,对数据进行全面智能分析,探索可行的方法和路径。

针对运维系统数据来源广泛、多样性复杂的特征,为了数据采集和持久化,建立了以 Kafka 数据管道为核心的数据队列系统,以 Elasticsearch 等开源数据仓库为持久化平台的数据存储系统。做到实时对多套系统采集的指标和日志等多种数据进行采集汇总,并进行进一步的预处理。

以运维的业务系统为整体监控单位,对核心业务数据、应用日志数据、机器指标数据进行数据采集、异常发现和异常分析。通过大数据平台的计算能力和算法实现各类运维指标的关联分析,帮助运维人员及时发现问题、定位问题来源。

在异常发现和分析方面采用流式分析引擎技术,通过无监督异常检测、异常根因定位、自然语言处理等算法,对交易指标和其他关键性能指标进行实时汇聚和异常检测,以定位系统异常时间点。对文本日志,则进行了实时索引。异常发现可以在大数据环境下有效分析实时流数据并进行告警,从而缩短从产生故障到运维人员发现并进一步排查的时间间隔。

通过基于微服务架构的服务总线平台,将算法 API 接口和应用程序的不同功能单元通过服务之间定义良好的接口和契约联系起来。服务总线平台提供统一的标准接口构建成分布式可扩展又相互独立的智能服务功能,以便后续各应用系统使用服务。

基于现有的运维体系,通过 CMDB 等配置信息,结合异常发现提供的异常时段和系统,有效缩小了异常分析的数据范围。针对范围内依然具备一定规模的各种监控和日志数据,我们利用大数据平台的分布式计算框架,对数据进行了准实时分析,能够在秒到十秒级别完成对问题的定位分析。

2　智能运维体系的可行性分析

当前,证券行业的智能运维体系构建刚刚起步。通过参考其他金融行业在 IT 智能运维方面的建设经验以及成功案例,我们对光大证券构建智能运维体系建设进行必要的可行性分析。

2.1　可行性分析

1. AIOps 智能运维技术分析

光大证券的日常 IT 运维体系建设,在运维体系和规模上具备了如下条件:

- 具备大量运维数据和标签供智能学习训练;
- 具备了各种各样的常规运维监控工具;
- IT 运维成熟度模型已经成型,理解下一阶段 IT 运维要求和目标;
- 拥有自主运维大型数据中心的客观条件和要求;
- "两地三中心"的数据中心,保证高可用,规划管理有比较高的要求。

经过长期的运维体系建设,运维人员对运维监控处理方式有了更高的要求,需要机器学习等高效率的手段来解决问题。智能运维可以在如下运维场景中发挥作用:智能日志分析;智能根因定位;异常指标预警;智能容量管理;智能流量预测;智能故障预测。

根据对金融行业内的调研,在实际智能运维项目的实践中,发现上述场景很难深入地对接现有的 IT 运维体系和工具,存在很多局限性以及需求不清晰等问题。因此光大证券在智能运维的实践过程中,根据对证券行业 IT 运维的深刻理解,总结出了几个维度的运维场景和功能设计:

- 可以独立运行并开箱即用,快速接入当前的 IT 运维环境;
- 遵循智能运维的零故障趋势(trend)、故障前预警(predict)、故障中抢修(rescue)、故障后分析(analysis);
- 包含对产品相关日志(log)和监控数据(monitoring)的混合智能分析;

表 1   场景价值以及算法模型分析

产品组件	场景价值	AI算法模型	用　　户
应用系统交易智能分析	可视化交易链路上数字化表现,并直观地深入分析运行状态下应用系统平台的动态交易量异常评估、预警和深层次故障定位	故障树 AI 模型、动态阈值模型、系统知识图谱、单 KPI 异常检测、多 KPI 联合异常检测、多 KPI 异常机器和软件模块定位、调用链分析	应用支撑
企业级系统智能感知	结合 Aix、Linux、Windows、HP 等操作系统的特点,智能评估系统运行稳定性状况	动态阈值模型、多 KPI 异常机器和软件模块定位	系统管理员
企业级数据库智能洞察	以 DBA 视角智能评估各项数据库核心指标,并给出数据库性能优化建议,故障定位功能	容量预测模型、指标预测模型、性能优化模型	数据库 DBA
企业安全及网络智能防御	基于安全规范框架,实现数字化环境下的持续自适应安全风险监测和防御	日志分析模型、日志关联模型、日志聚合模型	安全网络专家
企业级运维智能提升	在原有监控平台基础上改善和优化运维能力,实现"被动规则监控＋主动 AI 模型预警"。具有综合故障排查和日志综合分析功能	指标预测模型、日志分析模型、故障树 AI 模型、指标关联关系挖掘	系统监控管理员
企业级存储智能评估	存储智能运维针对多元、异构、多站点的数据中心,提供一站式、可视化、自动化、易扩展的智能存储运维	容量预测模型、异常日志模型、存储知识库模型、设备故障预测	存储管理员

图 1 是一个经典的运维场景。它通过线条串联方式展现智能运维与自动化体系结合，实现故障发现、故障止损、故障修复、故障规避。

图 1　运维场景

2. 金融行业案例分析

由于证券行业这方面成熟的经验较少，我们分享一些在金融行业中实施 AIOps 的真实项目作为参考，抛砖引玉。

（1）典型案例一——数据中心运维大脑。

一家大型全国性银行金融机构，覆盖全部银行对公、对私业务，是大型金融机构典型企业。其数据中心已经实现了"两地三中心"的基础架构和大型金融典型数据中心的所有特征。在智能运维的建设思路上，它走在了国内银行企业的前列。该行在 2016 年启动智能运维平台项目的建设工作，借助基于人工智能的智能运维技术，初步建立了数据中心的"运维大脑"，以保障业务的安全、稳定运行。

如图 2 所示，通过智能运维平台的使用，统一采集、管理业务相关的各类运行状态数据和底层机器日志，结合算法对异常点的预警，统一展示给运维人员，这为针对故障根因的分析判断带来了极大便利，整体缩短了故障排查的时间。其具体的场景有辅助告警、日志异常检测以及系统运行趋势分析。

（2）典型案例二——智能运维大数据分析平台。

该案例出自国内一家农信联合社。作为全国最大的国内农信联合社之一，该行在建设智能运维大数据分析平台的过程中克服了多个技术难点，建设了一系列亮点功能，包括：

● 为满足业务日志采集实时性、高吞吐量以及系统资源低消耗的要求，对 Flume 在源码层面进行大量改造和验证，保障数据采集层长期稳定运行。

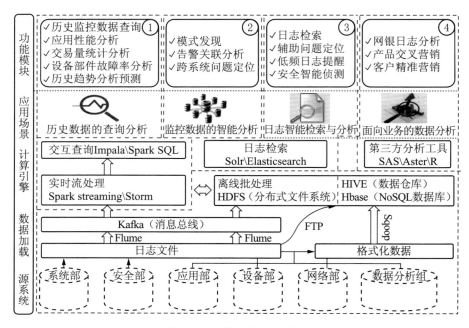

图 2　运维数据交互与处理

● 应用微服务设计理念，数据解析实现完全的配置化定义，并对外以 RESTful 接口提供调用，快速响应用户需求的变化。

● 结合缓存集群以及 Structured Streaming 的使用，完成如交易日志合并、异步消息处理等复杂业务逻辑的实现。

● 整个运维大数据平台基于虚拟化平台构建，具备完全的资源动态扩容与调整能力。

通过智能运维的实施，完成 AIX/Linux 平台上日志监控数据类型的采集、解析以及与运维大数据平台的整合，大大提升了系统运维人员进行性能分析的效率，提高了业务和运维价值。这主要表现在以下方面：

● 统一、集中、灵活的业务应用日志实时检索与统计方式，提升应用运维人员的工作效率，缩短问题排查时间，保障业务应用的稳定运行。

● 提供针对单笔交易流水穿插在不同业务应用日志中的追踪，并提供面向 ESB 的交易路径统计与展现功能，丰富业务运行时状态分析手段。

● 填补业务应用作业（TWS/ODS）运行时长采集、计算与分析的空白，及时预测并通知批量作业执行过程中可能存在的异常，进一步保障业务应用的高可用。

2.2　可实现性分析

1. AIOps 业务实现分析

光大证券在项目建设中参考了 2018 年 9 月 13 日 IBM"智创新金融，开启运维新纪元"圆桌论坛上由 IBM 智能运维团队、裴丹发布的《金融行业智能运维 AIOps 实施建议白皮书》中的运维金字塔参考模型，以指导智能运维体系的规划及实施。如图 3 所示。

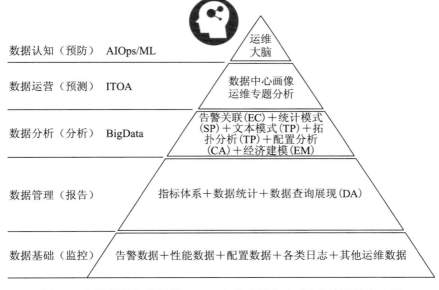

图 3　《金融行业智能运维 AIOps 实施建议白皮书》中的运维金字塔

资料来源：IBM 智能运维团队、裴丹：《金融行业智能运维 AIOps 实施建设白皮书》，2018 年 9 月 13 日。

运维的本质是提供稳定可靠的服务。所以，在规划项目之初，我们从以下几个角度来考虑落地和实施：

（1）技术选型上充分利用已经比较成熟的开源 AI 技术。

（2）先做"点"的事情，再考虑"面"，AI 技术还不是"平民技术"，并不是所有场景都适合，要避免凡事尽 AI。

（3）组建合适的团队来实施 AIOps。这一团队应该具备以下特征：

- 了解金融运维领域的场景特点，明白运维的标准、逻辑、原则。
- 有丰富行业运维经验的专家团队。
- 对现有 AI 技术充分了解和掌握，并有学术界的算法论文支持。
- 深入理解软件产品的设计理念。
- 对运维领域的技术熟悉（比如数据库/中间价/监控/容器技术、CI/CD、问题诊断等）。

2. AIOps 系统部署分析

经过评估和分析项目组建议，本章参考如图 4 所示的路径来进行建设。光大证券已经建立了较完善的运维监控系统，收集了比较全面的运维指标数据（阶段一），企业级的大数据平台建设完善（阶段二）。因此，从阶段三至阶段十是大部分用户需要考虑的下一步实施路径图，通过从最底层基本数据/平台开始考虑，逐步构建智能化运维平台及金融类业务场景，实现数据中心全覆盖，最终建立自有人工智能算法模型，完成智能洞察、智能定位、智能分析的运维系统建设。

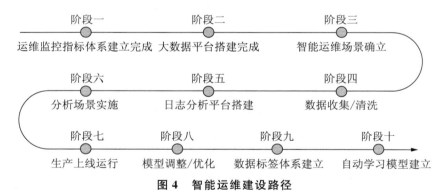

图 4　智能运维建设路径

资料来源：同图 3。

3　运维数据的采集

3.1　运维数据种类

数据中心运维数据按照在 AIOps 的使用目的划分，主要可以分为四大类：静态数据、动态数据、模型数据以及脱敏数据。

（1）静态数据。

静态数据主要包含 CMDB 数据、变更管理数据、流程管理数据、SLA 管理以及平台的配置信息数据等内容。此类数据的特点是：

- 在一定时间范围内是固定的；
- 在 AIOps 平台中为动态数据分析提供基础配置信息；
- 在平台启动时，部分静态数据需要加载到内存数据库中，作为平台启动的前提。

静态数据一般保存在结构化数据库中或者大数据平台的 Hive 平台，一般执行点到点的数据查询，数据的增删改动作较少。

（2）动态数据。

动态数据主要包含各类监控指标数据、各类日志数据以及第三方扩展数据。此类数据的特点是：

- 是固定的轮巡时间获取的数据；
- 作为基础数据，在进行数据分析时，需要通过数据清洗才能成为样本数据；
- 动态数据会按照使用场景保存到不同的大数据组件中，数据分析数据主要保存在 Hive 数据库中，而日志检索功能数据主要保存到 Elasticsearch 中；
- 需要根据不同的分析场景明确数据的保管周期以及销毁方式；
- 保存过程中，还要区分冷热数据的应用场景，提高业务查询效率。

这一类数据不存在修改和删除动作，只有查询处理。

（3）模型数据。

模型数据主要是按照不同的算法要求，完成数据清洗后的样本数据或者标签数据。此外在模型数据中，还包括了另一类特殊数据，即知识图谱数据。由于金融业是最早展开系统运维的一个行业分支，所以在金融行业中，大量运维经验被积累下来，但是一直没有形成知识体系，进而被利用在故障排查分析之中。因此，在 AIOps 的平台之上，我们会建立知识图谱数据体系，帮助模型进行数据计算。模型数据所具有的特点为：

- 数据样本会经常更新；

- 标签会随着数据样本的更新而产生变化；

- 知识图谱在不断地更新中；

- 新的数据样本对于模型准确度具有时效影响。

（4）脱敏数据。

数据脱敏主要是指数据在页面显示过程中，对于敏感数据进行数据处理之后进行显示。由于金融行业的大量用户数据都属于敏感私密数据，因此数据脱敏必须被纳入 AIOps 的考虑范围。另外，由于某些数据还会进行加密操作，这些加密的数据不适合作为分析的标的数据，因而需要在工作前期就进行清晰识别。

3.2 运维数据的采集

采集端采用 HekaAgent，这是一款基于 Go 语言编写的日志采集工具，支持 Windows、Linux、AIX 等多种操作系统，可以通过界面配置直接采集文件、性能指标，收集 Syslog，日志收集完成后进入数据接收模块 Collector，并实时写入 Kafka 消息队列，通过流处理引擎 Logriver 做 ETL 处理后写入 Elasticsearch 引擎 Yotta-search。用户可以通过前端应用模块 Yottaweb 调用搜索处理模块 Splserver，直接对入库的日志进行快速检索和分析。具体过程可参见图 5。日志采集过程中，HekaAgent 对每条采集数据根据不同的数据源添加系统源信息，以 appname、tag、ip、source 等方式进行标注，方便后续的日志查询和分拣。

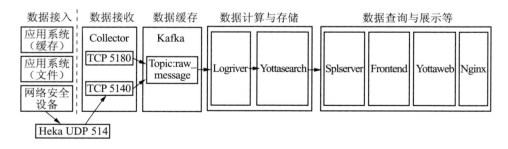

图 5　数据处理

1. 数据采集架构

数据采集管理系统的主要作用是实现对数据采集情况的运行、各个采集数据的程序的状况、数据的记录数量、采集源、目标源配置信息、进程状态的控制等进行管理和配置。同时，也可以通过在本系统中手工录入或通过接口批量导入数据。若今后需要建立新的数据来源，可以根据需要在数据采集管理系统中进行添加。数据采集系统的框架如图 6 所示。

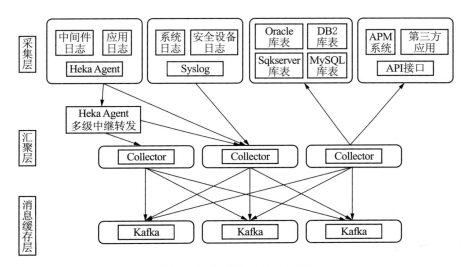

图 6　数据采集系统的框架

中间件日志、应用日志可以通过 Heka 实时采集，Heka 支持多级转发，同时 Heka 支持自动负载均衡，能自动将日志分发到多个 Collector。系统日志可以通过 Syslog 转发到 Collector。Collector 可以定时主动采集数据库表数据以及第三方应用数据。Collector 接收到数据后，验证数据完整性，转发到分布式 Kafka 消息队列中缓存。

2. 数据采集模式

生产环境智能运维系统的数据采集主要有四种方式：

（1）对业务系统文本日志数据采用通过 HekaAgent 的方式获得数据，并根据需要对数据进行汇总、分析、展示等。数据采集一般分为实时增量获取、按非工作时间段获取（避免对业务运行时间造成网络带宽占用）。

（2）对于无法自动获取的源数据，将数据制作成符合格式要求的文件（如 EXCEL、CSV 等），通过 ftp 或其他服务存放在指定的文件系统中，采集系统通过

HekaAgent 服务进行采集。另外，对于数据库表数据，直接可以通过 Collector 主动定时或者增量采集表数据。这部分数据主要为光大证券的资产设备信息、机房机柜位置分布信息、交易统计数据、系统的性能数据等。

（3）其他应用开发商所开发的 web 应用服务数据提供接口的话，可以通过平台 API 接口进行数据的对接。

（4）对于既无法通过数据采集接口自动获取，又无法实现文件导入的数据，通过系统 web 界面录入数据。

数据采集客户端支持在各种不同类型的操作系统上运行。从功能性的角度，它支持如下特性：

- 支持自动识别多行规则；
- 支持自动识别字符编码；
- 支持自动识别及自定义时间戳解析规则；
- 支持行首模式匹配；
- 支持子目录递归；
- 支持正则方式的目录和文件名过滤；
- 支持黑、白名单设置；
- 支持元信息上送，包括主机名、目录名、文件名、标签等；
- 支持对压缩文件的直接读取；
- 支持对资源占用的控制，如 CPU、内存、网络流量等；
- 支持压缩传输和加密。

3.3 数据处理

数据处理分为数据缓存、数据处理、数据存储三阶段。数据收集层直接接收采集客户端上送的数据，实时写入 Kafka Topic，流处理引擎 Logriver 从 Kafka 直接消费数据进行格式化处理存入搜索引擎 Yottasearch，同时提供 SparkStreaming 流处理和 Spark 离线处理等多种处理方式，按照不同数据需求者的要求提供数据。数据处理架构图如图 7 所示。

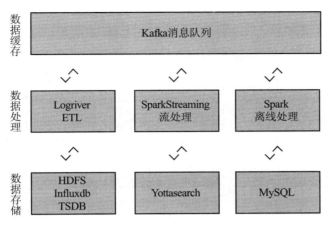

图 7　数据处理架构图

（1）数据缓存。

Kafka 用于消息的持久化和缓存。该系统使用磁盘文件做持久化，按顺序进行读写，以 append 方式写入文件。为减少内存 copy，集群使用 sendfile 发送数据，通过合并 message 提升性能。集群本身不储存每个消息的状态，而使用 consumer/topic/partition 保存每个客户端状态，这大大减小了维护每个消息状态的麻烦。在消息推拉的选择上，集群使用拉的方式，避免推的方式下因各个客户端的处理能力、流量等不同而产生的不确定性。以多机形式形成集群，建议 3 台或 3 台以上奇数台服务器组建，并且支持分区副本。模块架构如图 8 所示。

（2）数据处理。

平台使用流式处理引擎 Logriver，构建的高性能、分布式日志处理架构可以每秒钟解析 10 万条日志，每天可以处理 TB 级的日志量。而且，其处理延时非常短，可以搜索、分析几秒钟之前产生的日志。数据处理的模块架构图如图 9 所示。

流式计算集群具有如下特性：

● 轻量级快速处理。

着眼大数据处理，速度往往被置于第一位。流式处理引擎中的应用程序在内存中以 100 倍的速度运行，它们将中间处理数据全部放到了内存中。

● 无数据丢失。

系统需要保证无数据丢失，这也是系统高可用性的保证。系统为了无数据丢

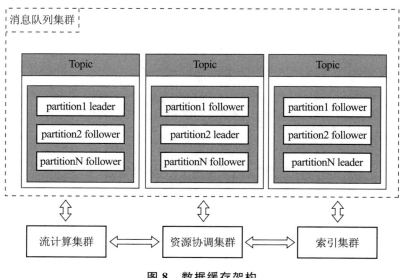

图 8　数据缓存架构

失,需要在数据处理失败的时候选择另外的执行路径进行重放[系统不是简单的重新提交运算,而是重新执行调度,否则按照来源的调用栈(call stack)有可能会使得系统永远都在相同的地方出同样的错误]。

● 无数据重复。

系统需要保证无数据重复,以保证系统功能的正确性。为了达到这一目的,在数据可能丢失的时候重试,通过日志存储引擎来去掉重复数据。

● 容错透明。

系统会自动处理容错、调度并且管理资源,而这些行为对于运行于其上的应用来说都是透明的。

日志处理系统能够根据配置的规则抽取日志关键字段,将非结构化的日志转换成结构化数据。抽取关键字段的好处是可以对关键字段进行统计分析。平台将对关键字段及原始日志进行索引,用户可对关键字段及原始日志进行搜索。

平台已经配置了常见日志的解析规则,对于平台没有预先配置解析规则的日志,用户可通过后台或 web 页面配置解析规则,抽取关键字段。即使没有抽取关键字段,用户仍然可以通过全文检索搜索日志。

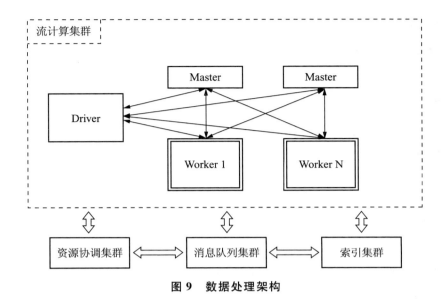

图 9　数据处理架构

平台提供了一些功能来降低解析难度、提升解析工作效率。具体包括：

● 支持正则表达式；

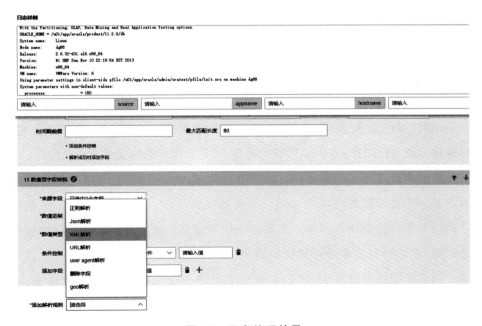

图 10　日志处理效果

- 支持 kv/xml/json 自动解析等多种解析规则；
- 支持划选辅助自动生成解析规则；
- 支持目标源配置，包括库名和表名或日志索引名和类型名；
- 支持整形、浮点型、字符串、日期时间等字段类型转换；
- 支持元数据的解析；
- 支持解析结果预览；
- 支持解析规则分组；
- 支持批量验证正则；
- 支持界面查看字段提取规则的性能统计情况。

（3）数据存储。

数据存储是智能运维管理平台的数据落地的地方。根据不同的数据类型以及不同数据类型的使用场景，我们选择了不同的数据存储方式。

- 针对一些需要进行全文检索、分词搜索的数据，存入 Yottasearch，用于实时可视化查询/分析。
- 所有数据也都会存入 Hadoop HDFS/HIVE，以用于长期保存及离线批量统计及计算。
- 平台管理的管理配置类数据是结构化数据，直接由平台存于结构化数据库 MySQL 之中。

Yottasearch 索引集群是一个分布式搜索引擎，具备高可靠性和高性能。它支持时间文本索引和全文检索，提供丰富的 API 用于索引、检索、修改大多数配置。它能够快速搜索数百亿的日志以及 TB 级的数据，无论数据为结构化或者非结构化。

集群由两台及两台以上节点组成，其中一个为主节点，节点通过选举产生，主从节点是对于整个集群内部来说的。从外部来看，整个集群逻辑上是一个整体，与任何一个节点的通信和与整个集群的通信是完全一致的。集群自动创建索引，通过配置，我们可以非常方便地调整索引分片和索引副本。通过索引分片技术，一个大的索引被拆分成多个，然后分布在不同的节点上，以构成分布式搜索。索引副本的作用一是提供系统的容错性，当某个节点或某个分片损毁或丢失时，可以从副本中恢复；二是提供查询效率，集群内部会自动实现搜索请求的负载均衡。

数据存储的模块架构如图 11 所示。

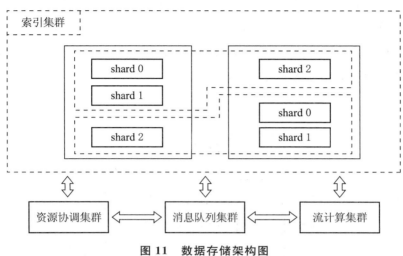

图 11　数据存储架构图

日志数据作为运维数据中的主要核心数据,来源是非结构化数据,但是通过前面的数据引擎处理后,数据完成了从结构化到非结构化的转变,可以在支持全文检索的同时支持结构化查询。我们选择 Yottasearch 作为日志等文本数据的实时分析存储落地。Yottasearch 是基于搜索引擎 Lucene 的分布式扩展,既可以实现文本非结构化字段的检索,又可以基于其 DocValue 的列式存储实现高效的分布式聚合计算。

4　智能算法与 AI 场景

本节描述在智能运维领域常用的算法模型,以及常见的 AIOps 运维场景。对智能算法和场景应用的理解,是我们在光大证券的智能运维体系建设中所必须掌握的理论基础。

4.1　智能算法种类

1. 无监督异常检测

在我们的无监督异常检测方案中,主要使用到的基础算法包括:变分自编码器、GBRT、EMA 和极值理论等。

（1）变分自编码器。

对于有足够计算资源（需要 GPU）而且积累的历史数据足够多的情况下，我们选择变分自编码器算法（variational auto-encoder，VAE）。变分自编码器是深度学习生成模型的一种，其结构分为编码层（encoder）、隐变量层（latent variable）、解码层。变分自编码器具体结构如图 12 所示。

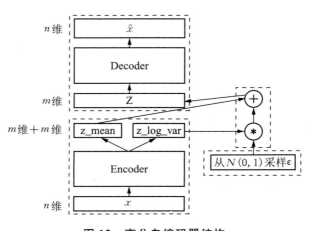

图 12　变分自编码器结构

变分自编码器是一种深度贝叶斯网络。它描述了两个随机变量间的关系——隐变量 z 和观察值 x，往往让 z 符合多元正态分布 $N(0,1)$ 的先验，这样 x 符合一个有参数 θ 的神经网络的 $p_\theta(x|z)$，真正的后验 $p_\theta(z|x)$ 是难以计算的，但是对于训练和预测却又是必须的。因此，通常拟合另一个神经网络作为近似后验 $q_\phi(x|z)$。该后验通常假设和属于 $N(\mu_\phi(x),\sigma_\phi^2(x))$，其中 $\mu_\phi(x)$ 和 $\sigma_\phi^2(x)$ 由神经网络得到。变分推理算法有多种，一般采用 SGVB，通过最大化证据下界（ELBO）近似后验和生成模型联合训练，具体公式如下：

$$\log p_\theta(x) \geqslant \log p_\theta(x) - \mathrm{KL}\big[q_\phi(z|x)\,||\,p_\theta(z|x)\big]$$
$$= L(x)$$
$$= \mathbb{E}_{q_\phi(z|x)}\big[\log p_\theta(x) + \log p_\theta(z|x) - \log q_\phi(z|x)\big]$$
$$= \mathbb{E}_{q_\phi(z|x)}\big[\log p_\theta(x,z) - \log q_\phi(z|x)\big]$$
$$= \mathbb{E}_{q_\phi(z|x)}\big[\log p_\theta(x|z) + \log p_\theta(z) - \log q_\phi(z|x)\big]$$

正如图 13 所示，通常采用蒙特卡洛积分来近似上述公式中所示的期望值，其中 $z^{(l)}$ 和 $l=1\cdots L$ 属于 $q_\phi(x|z)$。我们采用基于 VAE 的 DONUT 算法。

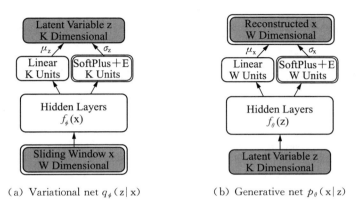

（a）Variational net $q_\phi(z|x)$ （b）Generative net $p_\theta(x|z)$

图 13　DONUT 算法结构

整体基于重建误差来进行异常检测，对于有充分历史数据的时间序列的异常检测能达到很好的效果。其在我们的测试数据集以及公开数据集上的效果远好于目前主流的有监督学习方法和神经网络算法。

（2）渐进梯度回归树。

对于训练数据足够，允许较长时间的重新训练，存储资源丰富，且不要求算法太高的可解释度的情况下，采用渐进梯度回归树（gradient boost regression tree，GBRT）。它是一种迭代的决策树算法。该算法的最终结果由多棵决策树累加组成，泛化能力强大，每一棵树都是从之前所有树的残差中学习，逐渐接近最好的效果。

对于给定的训练数据 $T=(x_1,y_1),(x_2,y_2),\cdots,(x_n,y_n)$，损失函数 $L(y,f(x))$，可以得到回归树 $\tilde{f}(x)$。

首先初始化决策树，估计一个使损失函数极小化的常数值：

$$f_0(x) = \arg\min_c \sum_{i=1}^{N} L(y_i, c)$$

对于每棵树计算损失函数的负梯度在当前模型的值，并将它作为残差的估计值，具体公式如下：

$$r_{im} = -\left[\frac{\partial L(y_i, f(x_i))}{\partial f(x_i)}\right]_{f=f_{m-1}}$$

对于每棵树的每个叶子节点,计算:

$$c_{mj} = \arg\min_c \sum_{x_i \in R_{mj}} L(y_i, f_{m-1}(x_i) + c)$$

利用线性搜索估计叶节点区域的值,使损失函数最小化,然后更新:

$$f_m(x) = f_{m-1}(x) + \sum_{j=1}^{J} c_{mj} I, \; x \in R_{mj}$$

最终得到的 $f_m(x)$ 就是我们最终的模型:

$$\tilde{f}(x) = f_M(x) = \sum_{m=1}^{M}\sum_{j=1}^{J} c_{mj} I, \; x \in R_{mj}$$

渐进梯度回归树的第三方库很多,但是作为树形结构,最主要的是需要我们提取多维特征来描述每个点的状态。而特征提取的好坏直接决定了回归树的结果好坏。我们提取的部分特征如表 2 所示。

表 2　特征提取

mean	均　　值
stdev	标准差
acf1	一阶自相关系数
linearity	线性强度
curvature	曲率强度
entropy	光谱熵
lumpiness	残差变化标准差
cpoints	交叉点个数
diff	与前面点的差值
……	……

对于每一个时间序列中的点,针对它前面的不同大小窗口,提取不同的特征,用于训练和测试。在线测试的过程中,对于每个时间点算法会预测出它应该的取值,并根据一些动态阈值的选择方法给出合理的取值范围(上下基带),若超出则

报异常。

（3）差分指数滑动平均。

很多异常对应的数值并未超过一个合理的范围，只是在局部产生了突增/突降。数据从整体看仍在可接受的范围内，但是由运维人员来判别的话明显是属于异常的。这时我们需要使用差分指数滑动平均算法。指数滑动平均算法（exponential moving average，EMA）引入平滑因子 α，α 越小，拟合的曲线越平滑。对于原始数值 $Y[i]$ 和平滑后数值 $S[i]$，具体计算公式如下：

$$S_Y[0] = Y[0]$$
$$S_Y[i] = \alpha \times Y[i] + (1 - \alpha) \times S_Y[i-1]$$

我们不是用原始数据进行差分指数滑动平均，而是采用一阶差分后的值进行指数滑动平均。这可以更好地描述局部突增突降的异常变化。一阶差分值 $D(i)$ 和残差项 $s[i]$ 的具体公式如下：

$$D(i) = Y[i] - Y[i-1]$$
$$s[i] = D(i) - S_D[i]$$

在训练数据中得到具体的残差项 $s[i]$ 后，可以拟合残差项的拟合分布。算法采用正态分布。若残差值处于正态分布的 1%（3-sigma）极值以内的位置，则认为是异常。

（4）极值理论。

有的时间序列并没有一个可见的周期性，因此采用固定阈值的方式也许会有更好的效果。

首先我们采用机器学习的方法判断数据是否适合使用固定阈值的算法，以及阈值应该在数据的上面、下面还是两边。如果判断可以采用固定阈值，那就应用极值理论得到动态阈值。极值理论是处理与概率分布的中值相离较大的情况的理论。

$$G_\gamma : x \longmapsto \exp(-(1 + \gamma x)^{-\frac{1}{\gamma}}), \ \gamma \in \mathbb{R}, \ 1 + \gamma x > 0$$

普通标准分布的所有极端都遵循这样的分布，极值指数 γ 取决于这个原始定律。对于大多数分布，事件极端的概率肯定会很低，即当 x 增大，$\mathbb{P}(X > x) \to 0$，

函数 $\tilde{F}(x) = \mathbb{P}(X > x)$ 表示了分布的长尾。实际上,这个长尾并没有很多的形状,G_y 是对其的拟合。

对于两个参数的优化,采用 Grimshaw 技巧将其转化为一个参数的优化问题 $l(\gamma, \sigma) = \log L(\gamma, \sigma)$,去找到 $\nabla l(\gamma, \sigma) = 0$ 的可行解。其中,$\log L(\gamma, \sigma)$ 是寻找最优解的常用手段——对数最大似然,其公式如下:

$$\log L(\gamma, \sigma) = -N_t \log \sigma - \left(1 + \frac{1}{\gamma}\right) \sum_{i=1}^{N_t} \log\left(1 + \frac{\gamma}{\sigma} Y_i\right)$$

对于每一条特定的时间序列在线检测的流式传输过程,可以对分布进行动态的更新,以得到更合理的阈值取值。

2. 异常根因定位

在异常定位的过程中,常用的算法主要包括计算相关性和聚类的方法。本章分别采用了皮尔逊(Pearson)相关系数和 DBSCAN 算法作为实现。

(1)皮尔逊相关系数。

皮尔逊相关系数用于度量两个变量 X 和 Y 之间的相关(线性相关)性,其值介于 -1 与 1 之间,为两个变量之间的协方差和标准差的商。其所定义的总体相关系数,常用希腊小写字母 ρ(rho)作为代表符号。估算样本的协方差和标准差,可得到样本相关系数(样本皮尔逊系数),常用英文小写字母 r 表示。r 的值为 1 意味着 X 和 Y 正相关,且 Y 随着 X 的增加而增加。系数的值为 -1 意味着 X 和 Y 负相关,且 Y 随着 X 的增加而减少。系数的值为 0 则意味着两个变量之间没有线性关系。

(2)DBSCAN 聚类算法。

DBSCAN 聚类算法的显著优点是聚类速度快,且能够有效处理噪声点和发现任意形状的空间聚类。DBSCAN 算法需要用户输入两个参数:一个参数是半径(Eps),表示以给定点 P 为中心的圆形邻域的范围;另一个参数是以点 P 为中心的邻域内最少点的数量($MinPts$)。如果满足以点 P 为中心、半径为 Eps 的邻域内的点的个数不少于 $MinPts$,则称点 P 为核心点。

根据经验计算半径 Eps:根据得到的所有点的 k 距离集合 $\mathbf{E}$,对集合 $\mathbf{E}$ 进行升序排序后得到 k 距离集合 $\mathbf{E}'$,需要拟合一条排序后的 $\mathbf{E}'$ 集合中 k 距离的变化曲线图,然后绘出曲线,通过观察,将急剧发生变化的位置所对应的 k 距离的值,确定为半径 Eps 的值。

3. 自然语言处理

自然语言处理技术主要在文本日志的分析中会被大量用到。然而,文本日志处理和传统的文本处理有很大区别,使得广泛被应用来做主题提取的 TF-IDF 等方案变得不再适用。基于此,本章采用了自研的自然语言处理技术 FT-tree。

● FT-tree 日志模板提取。

受到频繁模式树(frequence pattern tree,FP-tree)的启发,NetMan 团队提出了一种从系统日志中提取模板(系统日志消息中详细信息字段的子类型)的方法——FT-tree。FT-tree 准确率较高,并且支持增量学习。FT-tree 是一种拓展的前缀树结构,用以表示系统日志消息模板。其基本思想是,系统日志消息中详细信息字段的子类型通常是频繁出现的单词的最长组合。因此,提取模板等价于从系统日志消息中识别出频繁出现单词的最长组合。

每个消息类型应该只有少量的子类型。而且,对于每个子类型,应该有许多不同的系统日志消息与之匹配。因此,如果 FT-tree 的一个节点有太多的子节点(例如,超过一个阈值 k),那么它的所有子节点(或子树)就从 FT-tree 中删除。这样,该子节点就变成叶子节点。在修剪后的 FT-tree 中,每条从根节点到叶子节点的路径上的单词所组成的单词集合是一条消息模板(即消息类型+子类型)。

4.2　AI 场景介绍

1. 单指标异常检测

单指标异常检测的整体架构设计如图 14 所示。对于一条时间序列,首先对其特征进行表述,分为:

● 通过算法自动找到时间序列的周期;

● 是否具有向上/向下的趋势性;

● 周期偏移情况;

● 数据抖动程度;

● 上下界极限值;

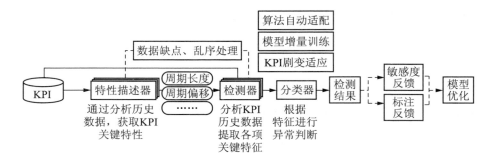

图 14   单指标异常检测过程

● 是否可以用阈值的方法，以及阈值采用多少合适。

然后，根据时间序列的特征，计算资源的分配以及数据的时间，以合理选用不同的模型组合来训练并生成对应的模型。算法包括：

● 变分自编码器；

● 渐进梯度回归树；

● 差分指数滑动平均；

● 极值理论；

● 周期性中值检测。

当数据积累到一定程度即可开始在实际环境中在线检测，在线检测使用已训练好的模型对应的关键特征生成算法，来生成新的时间点的特征，并用已训练好的模型对新的时间点的异常程度打分。在线检测的过程中，需要对以下实际问题进行处理：

● 缺点（某一固定时间采集点没有数据）；

● 乱序（后面的时间先到异常检测算法，而之前时间的点还在队列中）；

● 特征变化（由于新的部署等情况，时间序列的特征与之前不一样）。

对于每个时间点对应的值，算法可以给出一个异常分数，根据异常检测的默认阈值，可以给出一个点是否是异常的结果。当然，由于现实中时间序列的含义千差万别，一样的时间序列，如果含义不一样的话，预期的异常检测效果可能会不一样，所以我们提供敏感度供用户调整，以达到用户满意的效果（用户唯一需要调整的参数，且大多数时候并不需要调整）。如果用户不知道如何调整敏感度以达到他们预期的效果，我们也提供标注反馈的方式，用户将他认为的异常漏报和正常误报标出，算法可以自动调整以达到用户预期的效果。

2. 趋势预测分析

趋势预测和异常检测的主要区别在于，趋势预测并不是给出取值的正常范围区间，而是要给出准确的预测值。而且，绝大部分需要进行趋势预测的指标（例如磁盘剩余空间等）是不具备明显周期特性的。因此，相对于异常检测而言，趋势预测对于曲线的周期性衡量要求不高，而对其趋势性的衡量要求更高。

因此，本章选择渐近梯度回归树来进行指标的趋势预测。首先，利用回归树对一段时间进行特征提取并建立预测模型。之后，系统会根据建立的模型构建未来一天内的预测指标情况。在实时接入的过程中，系统会根据接入指标情况修正提取的特征，对预测值进行微调，并实时评估预测的准确度。当一段时间累积的准确度低于一定数值时，系统会认为目前的预测模型已经不够准确。这一般是由于指标的特性已经发生改变，之前训练的模型已经不再满足需求导致的。此时会触发模型的重新训练过程。

系统提供了阈值配置接口，对产生的预测值进行实时的阈值判断。当预测值连续突破既定阈值时，便会以告警的方式提醒运维人员执行预备操作，例如扩充磁盘、将即将溢出的日志进行删除或归档转移，等等。

3. 多维指标异常定位

为了解决异常机器和模块定位的问题与挑战，本章提出了一个自动化的定位系统。其总体架构如图 15 所示。

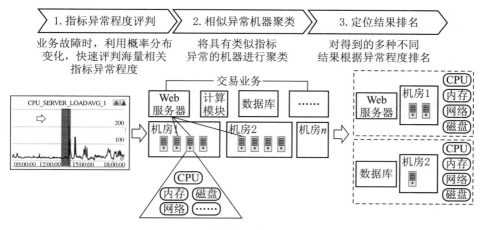

图 15　多指标异常定位过程

故障发生时（业务指标发生异常）会触发定位系统开始分析。其主要分为三部分：

● 指标异常程度评判：系统会收集当前一段时间所有机器和模块的指标数据，并执行异常检测算法去检测所有指标的异常程度。

● 相似异常机器聚类：得到所有指标的异常程度后，通过聚类算法将具有类似指标异常的机器进行聚类。

● 定位结果排序：通过运行智能排序算法，将所有的聚类结果按照异常程度排名，并最终展现给运维人员。

以上所有流程运行在大数据平台 Spark、Hadoop、InfluxDB 等工具上，最终以多样化的 web 形式展示给运维人员。

4. 日志异常分析与定位

为了对文本日志进行有效的利用，对其内容进行分析，并在系统产生异常时对其进行异常定位，本章提出了一套基于模板提取的日志异常分析与定位系统。总体架构如图 16 所示。

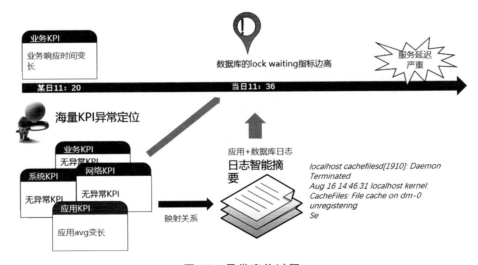

图 16　异常定位过程

日志经过分析处理后，从纯文本转化为半结构化数据，这将会降低其处理的成本和难度。本章采用了 FT-tree 作为模板提取的方法。通过对 3—7 天的日志进行处理分析并建立模型,学习其规律后,系统可以在线地对日志进行处理,并分类接入 Elasticsearch 平台。步骤如下:

- 对每条日志进行预处理分词,将时间、数字、IP 地址、路径等变量和其他词语区分开来。

- 利用 FT-tree 对其进行模板学习,提取日志的公共部分,并将分析结果作为标签实时插入 Elasticsearch。

经过以上分析步骤后,日志内容将会以半结构化的 json 数据的形式存储在 Elasticsearch 中。这些数据将会提供两种使用方式。可以通过 Elasticsearch 的 SPL 查询语句对其进行检索,实时生成图表和仪表盘。同时,在异常发生时段,也可以通过异常定位算法分析日志内容和正常时段的区别,从而帮助定位系统异常在文本日志中的体现。

5　智能运维体系架构

5.1　体系架构

智能运维平台的整体系统架构采用 Hadoop 平台作为存储和计算的支撑平台,开放式的智能模型架构提供智能能力输出,通过基于微服务与分布式消息的运维管理总线为主线,搭建而成。整体架构如图 17 所示。

自下而上来看,最下面一层是数据源层,提供各种运维数据库,包括结构化数据,如关系型数据库,以及非结构化数据,例如各种系统日志。这些数据可以通过代理采集方式获取。另外一部分数据来源是现有系统,例如监控平台、网管、APM 等工具,这些平台本身已经提供了各自平台的事件或性能数据,可以通过 API 的方式进行数据采集或者推送。

数据源之上是运维管理总线。运维管理总线提供数据的接入、缓存、预处理,以及各个系统之间的消息传递、API 调用。这一层通过搭建异步消息总线如 kafka 集群来实现消息交互。

第三层是数据处理层,包括两个方面。首先是大数据平台,大数据平台提供

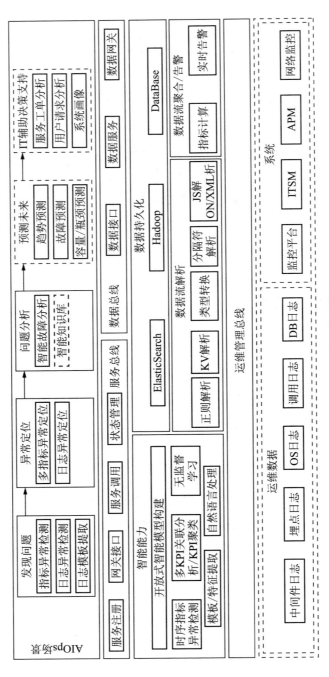

图 17 智能运维整体框架

的是数据流式解析(例如数据加工、实时告警)、数据计算以及存储能力。其次是智能算法层,主要提供和训练各种智能算法模型;

数据处理层之上是接口层。接口层是为了根据不同的智能化运维场景提供接口调用,包括服务总线,主要提供 API 的注册、接口网关、状态、调用的管理。数据网关主要提供数据的查询,数据网关等功能;采用的架构为微服务架构和总线架构;微服务架构可以将运维子系统的所有功能、操作、指令全部转变为原子操作,接受 AIOps 的总体调度。运维总线架构可以将各类系统的相互通讯模式由网状变为星型,降低关联耦合度,提高通讯的速度、稳定性、可用性、可扩展性,使得大数据通讯不再成为瓶颈;

最上面一层是 AIOps 场景层,该层次是通过调用 API 层提供的各种能力来实现智能化场景。场景层的设置是根据事件的生命周期进行设置的,例如在发现问题阶段通过自动基线、日志分类来判断异常、发现问题;通过关联分析、日志深度检查、应用全链路监控等来分析问题;通过匹配知识库、调用运维调度平台来定位问题;最后通过智能预测来预测容量、故障的发生。另外,它提供了为领导层提供辅助决策的功能,例如系统画像、用户工单、请求分析等。

5.2 数据架构

系统数据流向包括了数据的接入、数据清洗、数据计算以及数据存储,具体的数据流图见图 18。从左至右依次为数据接入、数据总线、数据计算以及数据的存储。

数据接入,提供数据的采集,根据数据来源的不同进行有代理和无代理方式采集。在该层建设采集中心,需要实现采集策略的定制下发、采集代理的管理、采集延迟、补采的处理。另外,发现层的覆盖度、指标丰富度、准确性、采集频率将极大制约 AIOps 的综合效益。应用系统和资源的云化趋势将简化采集技术的复杂度,但将增加故障分析的复杂度(底层物理资源的屏蔽、云资源的耦合度等),以及人工故障定位。建议按照证券行业一类、二类、三类系统的定级对不同系统采用不同频率、覆盖程度的发现模型。

数据总线层,该层主要提供数据的缓存与处理,数据进入消息总线(例如 Kafka)之后,进行数据的 ETL 处理、过滤、切分、扩展等操作,处理之后的数据再

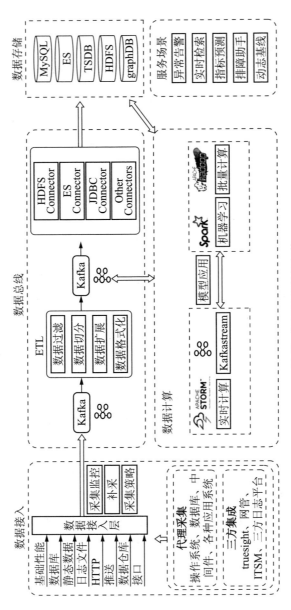

图 18　智能运维数据架构

一次进入 Kafka 集群进行流式计算，如实时计算采用 Kafkastream、Storm 等框架，离线运算采用 Spark。

数据计算层，数据计算主要提供数据的实时计算（例如指标的异常、日志关键字等实时告警功能）和离线计算（例如数据的基线、预测等）。常用的海量数据机器学习解决方案有 MPI、Spark、MapReduce。MapReduce 被用来作常见的重 IO 型的 ETL 相关数据处理任务，MPI 和 Spark 则主要用作算法模型训练。

数据存储层，是根据运用场景和数据的不同进行不同的存储方式，例如将日志存储到 Elasticsearch 做全文搜索，性能数据存储到时序数据库（TSDB），关系存储到关系型数据库（如 MySQL），复杂的关系、图形等存储到图形数据库（如 graphDB），历史数据等存储到 HDFS，提供离线计算数据。

基于每个模块都可横向扩展的架构设计，确保系统的整体吞吐量以及性能都可以随着节点增多而线性提升，基于实际测试结果，单节点（16 core，32 G）的配置基础上，可以满足每秒 4 万条记录的结构化处理以及写入速度（界面可以查询到），单日处理量可以达到百亿条级别记录的吞吐量，可以满足性能数据每秒 1 万条以及日志数据峰值 1 g/s 的写入速度要求。详细性能测试结果见表 3。

表 3　数据写入性能测试

节点数 （单节点 16 c/32 G）	性能数据写入速度 （万条/秒）	日志数据写入速度 （万条/秒）	时间延迟 （秒）
1	4	4	1
5	4	20	1

5.3　基于微服务架构的服务总线

我们利用微服务平台，将应用程序的不同功能单元通过服务之间定义良好的接口和契约联系起来。这使得用户可以不受限制地重复使用软件，把各种资源互连起来。它提供统一的标准接口构建成分布式可扩展又相互独立的服务，以便各应用系统使用各种功能服务。微服务的架构设计可以参考图 19。

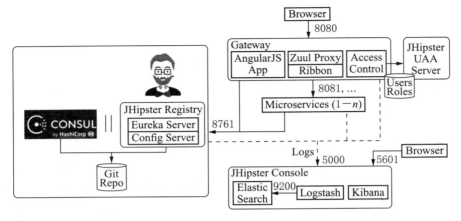

图 19　微服务架构

基于运维业务的特殊性,落地微服务主要从以下几个步骤开展:

● 梳理业务流程。

通过调研、沟通从而了解真实的业务流程,并将其绘制成流程图。对于过于复杂的业务流程,可单独绘制流程图,并增加相关的流程说明,标注业务流程中所涉及状态的变化过程。

● 抽取公共服务。

对于在业务流程中与业务不太相关的部分,将其剥离出来,并形成公共服务,例如,邮件发送、文件上传、其他第三方接口等。每种公共服务都对应一个微服务,每个微服务都有相关 API,要形成文档,便于其他服务调用。

● 定义业务服务。

当公共服务抽取完毕后,业务流程中剩下来的部分就是业务服务了。不要将业务服务的边界切得太细,可以考虑先"大切几块",每个服务都是独立的,确保这些大块头服务可以运行在微服务基础设施上,再不断将其进行细化,拆解为更小的服务。

● 设计数据模型。

深入每个业务服务,定义其底层所涉及的数据模型,也称为"领域模型"。此时会涉及数据库表结构设计,以及数据模型与关系设计。在数据层面上的设计是至关重要的,如果该部分设计得不到位,将增加后期实现微服务的成本。

● 定义服务接口。

底层的数据模型设计完毕后，将视角转换到顶层的服务接口上。服务接口是一组 API，这些 API 需做到职责单一，而且需要通过名称就能识别出它的业务含义。确保每个 API 的命名是全局唯一的，都有各自的版本号，版本号可以用自增长的方式来体现。

在微服务建设中，需要着重注意以下几方面建设：

（1）服务网关建设。

服务网关是在微服务前边设置一道屏障，请求先到服务网关，网关会对请求进行过滤、校验、路由等处理。有了服务网关，可以提高微服务的安全性，校验不通过的请求将被拒绝访问。

目前开源的服务网关方案较多，如基于 Spring Cloud Zuul 进行建设。Spring Cloud Zuul 是整合网飞（Netflix）公司的 Zuul 开源项目实现的微服务网关，它实现了请求路由、负载均衡、校验过滤等功能。在 Zuul 提供的请求路由、负载均衡、校验过虑等基础功能之上，建立统一认证中心，用于管理用户授权和认证。对于客户端的应用服务请求，首先在网关层和统一认证中心做交互，验证请求客户端的合法性。同时提供限流机制，可以在单位时间对来自统一来源（同用户/同 IP）的请求做流量限制。

（2）认证和权限管理。

前端访问特定用户服务时，需要先登录才允许访问，接入网关提供统一会话管理功能，解决与多系统多种多样用户登录服务统一适配的问题。前端发起用户登录请求，IAR 将请求转发到用户中心登录服务，登录成功后 IAR 将缓存用户名、密码等信息（或提供用户令牌转换功能，可根据登录服务实现方式适配）存放在分布式缓存中，并返回给前端统一的 Token。

后续前端访问需要登录校验的服务时，前端只需要带上统一的 Token，网关会根据 Token 去分布式缓存查询。如果存在该会话，则将原来缓存的用户名、密码等信息回填到业务体中，并转发请求到后端的业务服务。网关还提供跨域访问功能，使前端部署更加灵活，访问数据服务也更加方便。

权限管理建立基于 RBAC 的权限管理机制。基于角色的访问控制（role-based

access control，RBAC），就是用户通过角色与权限进行关联。简单地说，一个用户拥有若干角色，每一个角色拥有若干权限。这样，就构造成"用户—角色—权限"的授权模型。在这种模型中，用户与角色之间，角色与权限之间，一般是多对多的关系。

（3）服务的治理和监控。

微服务架构的缺点中最主要的就是由于微服务数量众多导致的维护成本巨大，服务治理就是为解决此问题而产生的。其作用是将维护人员从人工维护中解放出来，由服务自维护，微服务作为服务提供方主动向服务治理中心注册，服务的消费方通过服务治理中心查询需要的服务并进行调用。其主要功能如下：

- 服务发现/服务注册；
- 服务节点状态监控；
- 服务节点内中间件状态监控（例如 MySQL、RabbitMQ 的状态等）；
- API 级别的服务请求/回复状态统计。

监控是微服务的控制系统的关键部分，系统越复杂，就越难理解各个组件的性能状态并解决相应的问题。随着微服务越来越多地被采用，以前是单个服务器＋单个服务，现在转变成多个服务器＋多个服务的模式。出现一个异常，如何快速找出问题根源，这显然对监控能力的要求更高了。我们的系统需要能够从如下几个方面实施监控管理：

- 微服务节点健康状态；
- 服务节点内功能组件的健康状态；
- 服务节点 JVM 参数；
- API 级别的调用统计信息。

5.4　数据安全设计

1. 数据安全

根据业务信息安全等级保护的标准，该系统只保存一定的运维数据，并不存放实际的业务数据。该系统服务遭到破坏后，公民、法人、其他组织的合法权益不会被损害，公共利益不会被侵害，也不会侵害到国家安全。客观方面表现的侵害结果为：信息技术总部领导、数据中心领导无法在第一时间及时看到运维数据。考虑到该系统为信息技术总部内部使用，不会对光大证券服务业务能力造成损害。

2. 主机安全

在主机安全性方面，系统相关的服务器部署在服务器机房，物理部署上是安全的。应用服务器和数据处理应用服务器、两台数据库服务器均采用双机方式，有效消除了单点故障的隐患，保证了系统在主机层面的高可用性。

在操作系统安全性方面，根据审计检查需求，使用漏洞扫描产品，进行安全扫描，及时发现问题并采取补救措施。安装防病毒软件并实时更新病毒库。及时根据相关软件的最新版本安装补丁。

3. 应用安全

● 用户权限管理。

权限级安全控制，根据用户、角色、权限三级控制。将可操作权限赋予具体的角色上，将角色赋予每个具体用户上，用户根据账号和口令登录后，根据所属角色决定能查看或者操作的具体功能。用户的认证通过域服务器进行。

● 数据库权限管理。

系统会对数据库操作权限进行管理，以防止一般用户通过修改数据库操作指令，越权操作。

● 日志审计管理。

系统日志保存到各个应用服务器上，根据设置的日志类别，分为一般日志、错误日志、调试日志。操作日志保存到各个应用服务器上或数据库上，提供用户管理相关的日志。访问日志保存到应用服务器上，记录了用户访问的资源的信息。

4. 数据传输安全

传输加密主要通过 SSL/TLS 加密协议完成。如果要进行 TLS/SSL 的配置，首先必须要具有来自受信 CA 的证书，使用该 CA 生成每个节点的证书，节点的所有服务都会通过上述生成的证书进行 SSL/TLS 加密。每个节点还需要建立本地的 Java Keystore 以支持 SSL/TLS 公钥、密钥的存放。

智能运维管理平台的数据在客户端—处理端—数据存储上都支持 SSL 加密，确保数据在传输过程中的安全，不会被恶意篡改。此外，流数据在成功处理后，才会提交对应数据偏移量，确保当异常发生时，数据处理可以从最近一次成功处理的开始，确保数据零丢失。

5. 数据存储安全

平台底层数据存储采用分布式引擎（Elasticsearch DataNode＋Hadoop DataNode）。每条数据都存储为多个数据备份。当单个数据节点出现故障时，数据可以及时从其他节点恢复，保证数据在存储阶段的安全可靠。

对于数据加密，HDFS 和 HBase 都提供了对应的功能。加密数据会有额外的计算开销，这里只建议对部分关键目录进行加密。这两种加密方式对用户来说都是透明的，只要用户有密钥的访问权限，就能查看对应数据。

结构化数据加密：目前结构化数据都由 Hive/Impala 进行存储，因此直接对 /user/hive/warehouse/＄{database}.db/＄{tablename} 的对应目录进行加密，Hive 端不需要进行额外配置。

非结构化数据加密：非结构化数据分为小文件和大文件进行讨论。

小文件：存放于 HBase 中，HBase 提供了数据单元（cell）级别的加密，直接可以对部分文件的二进制加密存放。

大文件：存放于 HDFS 中，这部分关键文件可以使用 HDFS 加密的方式，建立对应的文件加密区，进行存放。

Elasticsearch 层面则可以针对索引（Index）针对不同的人员进行访问控制管理。

6. 数据访问控制

用户对资源的访问主要是通过全局数据查询、HDFS 的文件访问、Hive/Impala 的文件访问。

● 数据查询 ACL。

平台设计具有如表 4 所示的预定义角色进行权限控制。用户可以创建自定义角色，并为用户分配这些角色。

表 4　角色权限设置

用户角色功能	主要功能点
超级管理员角色	默认根系统管理员,具有最高的管理权限,可管理和配置所有用户账号(包括管理员账号),访问和配置系统所有功能
管理员角色	系统管理员角色,可以管理除(超级管理员、管理员用户)以外的所有用户权限分配,可配置采集器,并默认获得所有"索引"的访问和管理权限
高级用户角色	作为系统的"索引"级别的管理员,可创建自定义"索引",并在自己的"索引"具有完全控制权限,可采集数据,解析数据,创建和管理对象等操作,并分配"索引"的使用者用户权限
普通用户角色	数据的普通使用者,可基于被分配的权限来访问允许访问的"索引"数据,创建自己的对象,包括"保存的搜索""报表""仪表盘"等
自定义用户角色	自定义用户权限,用户可自定义分配角色

● HDFS ACL。

HDFS 本身的授权模式类似 Linux 的默认系统授权模式,对用户、用户组、其他用户三个方面定义了读、写和运行权限。另外,在这种简单授权方法之上,HDFS 提供了进一步的 ACL 功能,支持为一个目录添加多个用户和用户组的权限支持。在 HDFS 上部署 ACL 操作需要 HDFS 用户,或者对应目录和文件的所有者。可以使用 Hadoop setfacl 命令来目录授权,例如,要单独赋予 app2 用户和用户组可读权限:

```
$ > hadoop fs -setfacl -R -m user:app2:r-x,group:app2:r-x /user/app1
```

注意,HDFS 的权限类似 Linux 权限,列出目录下的文件需要 execute(x)权限。因此对于一个目录,如果需要给用户权限,大部分情况都是给予 r-x 权限。如果需要用户能够读某个路径下的文件,其父路径必须有 execute 权限。

需要注意的是,这些赋权操作都需要 HDFS 的超级用户来完成。因此只有集群的数据管理员有足够的权限完成这些操作。从管理角度上考虑,所有的权限请求都通过这个管理员来完成,这个管理员需要对集群的权限分配有统一的记录和管理。

针对这种文件路径上的授权,目前主要考虑的单位是业务组。将业务部门映射为系统上的用户组,业务人员则作为对应组的成员。文件或者目录的权限数属于对应组中的数据管理组,有用读写操作,组内的其他用户组通过 ACL 获得读取或者写入的不同权限。同时,对于额外需要进行读写的业务部门或者成员,可以使用额外的 ACL 服务赋予对应权限。

由于有 Sentry 的存在,Hive 的目录会自动同步按照 Sentry 目录的权限自动保持同步。

● Hive/Impala 权限控制。

Hive/Impala 的用户权限是使用 Sentry 组件进行控制的,授权以角色为单位,每个用户组可以关联到多个角色,从而获得不同的数据读写权限。其中角色的权限包括:

(1) SELECT——能够从表或者视图中读取数据的权限,以及使用 describe 命令和 show table 命令查看表和表描述信息的权限。

(2) INSERT——能够向表中写入数据的权限,具体指 INSERT 和 LOAD DATA 语句。

(3) ALL——能够读写的权限,也包括创建、删除、修改表结构的权限。

基于角色的授权比单纯对用户和用户组进行授权更加灵活,对于角色可以提前根据业务规则进行规划,定义好不同的角色类型,例如市场研究的角色可能会同时具备交易查询和客户查询权限。当对应的业务部门涉及对应职能时,将该角色应用到业务部门即可。

当 Sentry 授权完成后,会对应地更新 HDFS 上的 ACL 权限。同样,这样的操作只能由一个管理员账号完成,需要建立统一的数据管理部门进行统一管理。

针对基于角色的授权模式,建议先分析当前系统中可能存在的数据访问模式,将这些模式进一步整合成为系统角色。对应的业务部门建立以后,可以直接将对应的数据访问权限给予用户组,不需要逐表或数据库进行操作。同样,这里建议建立业务组与用户组的对应,一个业务组内包含不同的用户组应,对不同的用户组赋予不同的角色,例如管理员组具有相当于能够同时具备数据写入、读取的角色,而用户组一般为数据读取角色。

5.5　平台自监控

运维平台每个组件都支持分布式部署,整体的部署架构较为复杂,因此系统本身的稳定性尤为重要。当系统本身出现异常或者性能问题时，需要及时告警以及自动调整。平台自检的方面包含：通过心跳机制收集各组件的基本状态，通过流量监控收集每个组件的负荷，当单个节点出现故障时，其上下游节点会自动切换到其他节点，确保系统可以继续对外提供服务。同时，用户可以对平台内的每个服务器的硬件资源进行监控，可以以集群组的方式监控同一集群内的所有服务器的状况，能提供包括并不局限于如表 5 所示的指标。

表 5   监控指标设计

类　　别	监控指标
服务器组的总的资源利用情况	CPU 计算总的利用率
	内存利用率
	总的磁盘空间
	磁盘总的使用空间
	磁盘总的剩余空间
	磁盘总的 IO 吞吐
单台服务器的资源利用情况	CPU 计算总的利用率
	CPU 每个 core 的利用率
	内存利用率
	总的磁盘空间
	磁盘总的使用空间
	磁盘总的剩余空间
	每个磁盘的磁盘空间
	每个磁盘的使用空间
	每个磁盘的剩余空间
	磁盘 IO 的吞吐
	网络吞吐

平台除了可以监控硬件及 OS 上的服务以外，还可以对以下大数据平台服务提供监控和报警：

● 数据流的采集状态（采集→队列→预处理→入库）；

●采集数据量监控（显示当天实时数据，历史数据以日为最小单位的时间序列显示）；

●各个分布式作业调度服务状态（如 Spark 内存作业调度服务、Spark Streaming 流处理作业调度情况）；

●HDFS 服务状况；

●YARN 资源管控状况；

●Hbase NoSQL 数据库服务；

●Kafka 消息队列状况；

●Elasticsearch 资源及服务状况。

6　智能运维场景展示

本节整体描述了在本次研究中构建智能运维体系的成果展示。

6.1　运维数据的展示

平台 Web 服务提供日志展现、数据可视化，支持各种统计功能及图表展现，实现流畅的图形用户交互。展示时间折线图、条形图、饼状图等，让数据分析更直观。集群主要是多主结构，各个节点完全平行，前端支持 Nginx 作为负载均衡器，增强了系统跨平台、快速部署等特性。

用户在前台 Web 搜索界面输入搜索语法后，发送给前置模块 Frontend（做语法合规检查），Frontend 通过 Nginx 将命令均衡转发到 SPL 服务器集群模块，SPL 服务器集群从搜索引擎中抽取相关索引数据，进行计算合并后，返回给用户前端展示。前端支持全文检索、SPL 统计语言分析查询指定时间范围内的日志。

本次落地场景将以 O32 应用系统为例进行说明展示。平台收集了核心数据库性能指标、数据库 alert 日志、天旦交易指标、中间件主机 CPU 使用率、中间件日志、应用日志和网管数据。

●通过收集数据库 alert 日志，可以快速查询 ORA、ERROR 等报错信息，并进行关键字高亮显示，同时通过错误关键字进行及时告警。如图 20 所示。

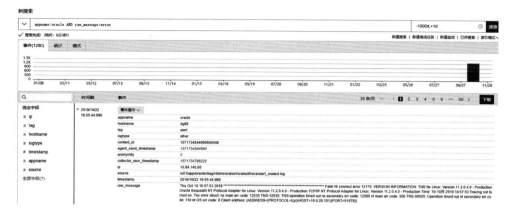

图 20　错误日志显示

● 通过收集 O32 中间件日志，抽取日志关键字段后，用户可以点击展现的字段值实现日志过滤，可以快速查询中间件等运行信息，并通过 SPL 查询实时保存成趋势图和报表。图 21 为搜索结果显示。

卓越版_平均时延　　　　　　　　　　最近10分钟

时间	zybwj.request_no	avg_cost	time
1571734140000	1102	117.44806194805195	2019-10-22:16:49:00.000
1571734140000	102	0.059602649006622516	2019-10-22:16:49:00.000
1571734140000	1108	24.444444444444443	2019-10-22:16:49:00.000
1571734140000	104	32.19796954314721	2019-10-22:16:49:00.000
1571734140000	1114	30.96153846153846	2019-10-22:16:49:00.000
1571734140000	100	71.70588235294117	2019-10-22:16:49:00.000
1571734140000	112	0.30303030303030304	2019-10-22:16:49:00.000
1571734140000	96	26.833333333333332	2019-10-22:16:49:00.000
1571734140000	1122	24.92	2019-10-22:16:49:00.000
1571734140000	110	18.8	2019-10-22:16:49:00.000

卓越版_平均时延_某个功能号(模板)

2019/10/22 16:39:00.0 ~ 2019/10/22 16:40:00.0
● 96: 29.2222222222222

图 21　数据自定义图表展示

● 强大的 SPL 功能,支持新建字段、复杂的统计语句以及强大的关联搜索功能,并且同时可以支持保存搜索语句,保存后可直接调用或共享给其他用户。图22 展示的是运用 SPL 查询出的经过聚合后的交易步骤。

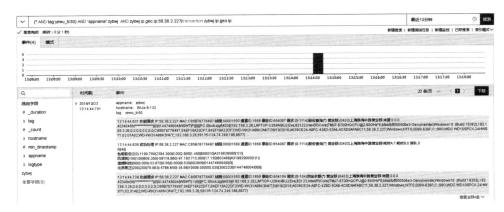

图 22　SPL 搜索

6.2　智能场景的展示

如前所述,本次落地场景将以 O32 应用为例进行说明展示。我们通过对自营 O32 的关键代码功能耗时进行单指标异常检测,结合其他关键 KPI 以及日志,进行故障原因定位。

1. 场景介绍

● 发现问题——主动监控。

通过对业务量、响应时间、数据库指标、操作系统关键 KPI 等单个 KPI 进行异常检测,来监控指标是否异常。通过对海量日志无监督学习、识别日志的模板序列,以及特征变量的分布来检测日志中是否存在异常。

● 定位问题——故障定位。

通过分析故障时的所有机器指标的关联性以及相似性,来定位问题发生的节点以及相应指标。

● 分析问题——业务/机器指标的关联分析。

通过关联业务和机器指标,将业务指标和机器指标进行关联分析,端到端地分析当业务发生故障时,机器指标是否存在问题、日志是否存在问题。

2. 发现问题——单指标异常检测

（1）算法支持。

对于一条时间序列，首先对其特征进行表述，之后根据时间序列的特征，计算资源的分配以及数据的时间，来合理选用不同的模型组合，以训练并生成对应的模型。

（2）场景展示。

通过对 O32 系统的响应时间、交易量、数据库指标等进行单指标异常检测，准确发现 11 月 13 日的真实故障。如图 23 所示。

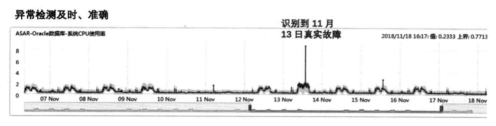

图 23　单个指标检测异常

单指标异常检测的相关算法应该具有如下几项核心能力：

● 拥有变更处理机制应对变更（如系统升级、配置修改、业务变化）导致的 KPI 模式剧变，之前模型失效，产生大量误报。

● 检测到突变后，提供选项供管理员确认是否为变更导致。如果确认，则能快速利用最新数据建立模型，检测未来数据，防止误报。

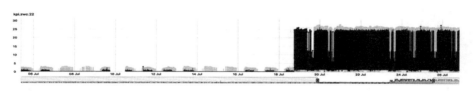

图 24　处理突变

● 利用周期性检测算法，识别历史重复性行为，并能处理跑批时间偏差（如每天有几十分钟误差）。

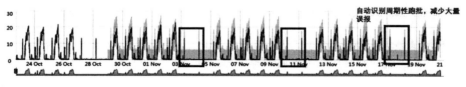

图 25　识别周期

● 自动检测到 KPI 历史上突增（可能是跑批），并判断突增是否具备重复性，确定重复性后检测突增时段的突增消失。如图 26 所示。

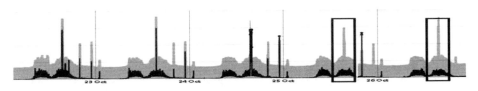

图 26　识别重复性

● 自动识别指标的周期性，当指标不具备明显周期性时，采用不同的检测方法，建立极限阈值，更合理地检测此类指标异常。如图 27 所示。

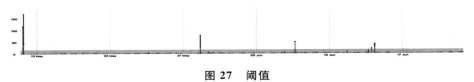

图 27　阈值

● 自动根据日历数据确定特殊日（春节等节假日），这些日期因为违反历史周期性，采用非周期检测器，只利用局部数据进行检测。如图 28 所示。

图 28　自动识别节假日

● 拥有简单易操作的检测敏感度调节，并实时看到调节效果。

3. 发现问题——日志异常检测

（1）算法支持。

通过对 3—7 天的日志进行处理分析并建立模型，学习其规律后，系统可以在线地对日志进行处理，并分类接入 Elasticsearch 平台。步骤如下：

● 对每条日志进行预处理分词，将时间、数字、IP 地址、路径等变量和其他词语区分开来。

● 利用 FT-tree 对其进行模板学习，提取日志的公共部分，并将分析结果作为标签实时插入 Elasticsearch。

（2）场景展示。

通过对数据库日志、应用以及中间件的日志进行分析，通过 FT-tree 算法进行模板提取及特征变量提取，根据日志模板数量的变化以及特征变量分布情况的变化，判断日志中是否存在异常，通过异常摘要的形式提供出来。

　　① 日志异常摘要：通过对 O32 应用日志分析得出 11 月 13 日日志中存在多条异常日志如图 29 所示。

图 29　异常日志展示

　　② 主要通过模板数量的变化以及变量分布情况的变化，来确定日志中是否存在异常，图 30 为 O32 系统 UTODB 的日志频率分布。

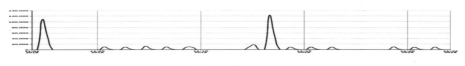

图 30　日志模板发生突变

　　③ 单从日志的数量上，不一定能够发现异常，也不一定能够合理解释异常的真实原因。例如图 31 中，系统将平日训练时产生的日志各类变量分布（图 31 上4）和异常时间段产生的同类型日志变量分布（图 31 下4）作出对比。通过对比可以从日志的内容层面，对异常给出更加合理详尽的解释。例如图 31 中很明显地，交易记录类日志中的 3 号变量（订单处理情况）在异常时段，其撤成处理占比从正常的 30％上升到 75％；4 号变量（组播序号）从正常的平均分布情况集中到少数

几个组播序号取值上。这些变量内容的异常可以进一步帮助撰写日志、对异常系统有所了解的同事去定位故障所在。

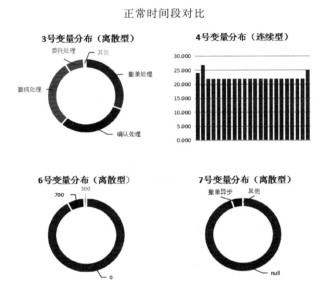

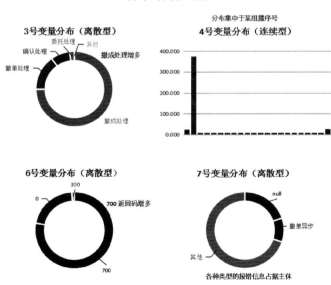

图 31   日志解析后的变量变化

4．定位问题——多指标异常定位

（1）算法支持。

故障发生时（业务指标发生异常）会触发定位系统开始分析。其主要分为三部分：

● 指标异常程度评判。系统会收集当前一段时间所有机器和模块的指标数据，并执行异常检测算法去检测所有指标的异常程度。

● 相似异常机器聚类。得到所有指标的异常程度后，通过聚类算法将具有类似指标异常的机器进行聚类。

● 定位结果排序。通过运行智能排序算法，将所有的聚类结果按照异常程度排名，并最终展现给运维人员。

（2）场景展示。

当发现异常时，通过分析 O32 系统的机器指标（CPU、内存、IO、网络等）来快速定位问题发生的位置和指标。针对 11 月 13 日的告警，利用机器指标进一步分析并推荐可能的故障为（如图 32 所示）。

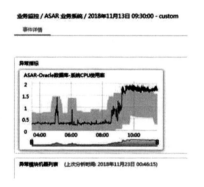

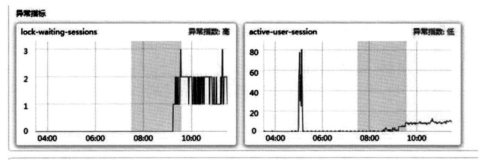

图 32　数据库指标异常

● Oracle 数据库的 lock-waiting-sessions 异常；

● Oracle 数据库的 sys-cpu 异常。

5. 分析问题——业务/机器指标的关联分析

（1）算法支持。

通过结合 CMDB 中的应用链路关系，基于相同的故障时间点，通过结合无监督异常检测、多维指标异常定位以及聚类等相关算法，从业务指标的异常入手，从端到端全链路的角度，关联分析所有跟该业务异常有关的应用、中间件、数据库的各项机器指标以及应用日志、中间件日志、数据库日志等，给出问题的关联影响分析。通过运维专家经验介入，帮助运维人员分析问题，便于运维人员排查问题。

（2）场景展示。

从业务性能指标异常发现出发，通过关联机器指标和日志中的异常信息，可以分析得出，当业务发生问题时，CPU 使用率异常。同时，关联得到日志模板数量与变量分布显著异常的，并提取出整体表现异常的日志 Top10，具体过程见图 33。异常时段日志内容对比见图 34。

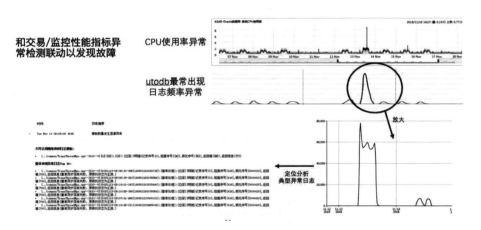

图 33　异常日志检测过程

｛../common/TransThreadMgr.cpp--2410-0｝[1][[2]]:[[3]]:[应答][明细]记录序号[0]，组播序号[[4]]，委托序号[[5]]，返回值[[6]]，返回信息[[7]]

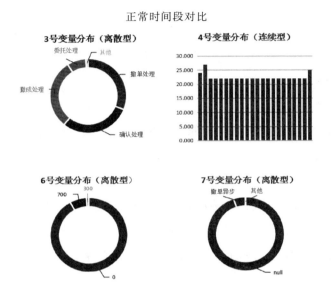

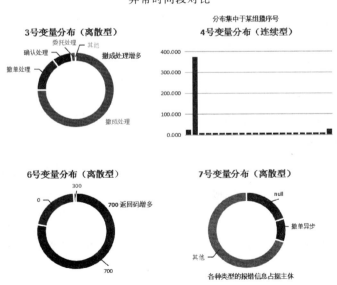

图 34　异常时段日志变量对比

7 收益及展望

本节分享了课题建设带来的收益,同时总结和积累了对于智能运维体系建设的经验和教训,为后续项目的开展提供了经验的积累。

（1）预期收益。

● 运维数字化管理。

基于明细、汇总的数据,加入智能化算法进行多维分析和数据挖掘,为运维决策提供了大量数据支持,为运维创新创造了有利条件。

● 提升运维效率。

通过对数据进行集中收集、清洗,为管理分析、挖掘预测类等系统提供一致的数据基础,通过无监督的异常检测以及定位,帮助运维人员及时发现异常的影响,在故障发生前可以提前发现隐患,大大提高运维的效率。

● 提升系统可用性。

通过快速发现问题、定位故障的原因、帮助分析问题,实现在故障发生时大幅减少处置的时间,使得业务中断的几率大幅降低。在故障发生时,缩短运维人员分析的花费,使得业务中断时间大幅缩小。

● 改善数据质量。

从中长期看,数据平台对分散在各个业务系统中的数据整合、清洗,有助于整体数据质量的改善,提高数据的实用性。

● 促进内部协作。

实现分散在各个业务系统中的数据在大数据平台中的集中和整合,建立统一的运维视图,有效促进业务的集成和协作。

（2）经验分享。

通过本次研究与实践,我们为此类项目的持续性建设和推广开展提供了如下的经验和教训:

● AI 算法具有一定的局限性。

我们在实施的过程中,需要制定明确的预期目标。首先,目前的 AI 算法的场景应用并不是万能的,对于每一个运维场景是否有合适的计算模型,都需要运维专家与算法团队进行充分的可行性论证。

- 算法的落地需要运维专家与算法专业团队配合。

算法人才往往比较稀缺,懂得运维的算法人才更少。在课题建设初期,我们尝试自己根据场景和数据选择相应的算法去进行调试,比如自主调试过 ARIMA 算法、LSTM、混合泊松等算法来进行容量预测,但是效果一般。我们通过和清华团队合作,一起进行算法优化和落地,算法应用的准确度大幅提升。

- 数据的梳理和处理要有合理的规划。

数据是 AIOps 的基础,在建设之前,需要对运维数据进行梳理。同时,结合实际的场景进行数据采集、处理。此次我们梳理的数据类型如表 6 所示。

表 6　数据梳理

数据类型	描　　述	对接方式
核心业务数据	业务日志客户行为	Agent 采集
	天旦系统业务笔数	通过 Kafka 对接
应用运行数据	应用日志监控	Agent 采集
	功能耗时	对接 Kafka
ITSM 流程数据	CMDB	对接 Kafka/DB 采集
	事件/变更/知识库	DB 采集
操作系统、数据库	操作系统日志、MAXGAUGE、BMC	API、Agent 采集
监控数据	BMC TrueSight	API
网络流量	网管软件	Kafka 对接

- 智能运维体系的持续发展需要平台具备可扩展性。

平台如不具备可扩展性,后续的建设往往受限于某个厂商,这制约了应用场景的拓展。我们在体系的设计中,选择了基于微服务的平台架构。这可以有效地整合不同厂商的算法产品,更容易水平扩展。

- 体系建设需要合理规划、分步实施。

智能运维体系的建设不能一蹴而就,需要根据团队的建设、数据的积累、算法的持续优化、AI 技术的不断发展,进行分阶段分批次的建设。

（3）未来展望。

证券行业的业务系统由多个异构系统组成。针对不同的应用,智能运维工作的场景和需求都不相同,无法通过简单的算法实现。本章中我们探索了从数据采集到运维场景建设的完整路径,并基于此体系以及路径成功落地了异常检测与故障定位场景。目前我们正在研究和实践基于运维知识图进行根因以及业务影响分析,从而进一步提升运维工作的整体能力。

参考文献

程学旗、靳小龙、王元卓等:《大数据系统和分析技术综述》,《软件学报》2014 年第 9 期。

高赟、周薇、韩冀中等:《一种基于文法压缩的日志异常检测算法》,《计算机学报》2014 年第 1 期。

贺倩:《人工智能技术的发展与应用》,http://e-press.dwjs.com.cn/dlxx/periodical/html/2017-15-09-32.html,2017 年。

何清、李宁、罗文娟等:《大数据下的机器学习算法综述》,《模式识别与人工智能》2014 年第 4 期。

IBM 智能运维团队、裴丹等:《金融行业智能运维 AIOps 实施建议白皮书》,https://www.ibm.com/downloads/cas/X4ZDOKB3?mhsrc=ibmsearch_a&mhq=金融行业智能运维 AIOps 实施建议白皮书,2018 年。

李叶紫、王振友、周怡璐等:《基于贝叶斯最优化的 Xgboost 算法的改进及应用》,《广东工业大学学报》2018 年第 1 期。

裴丹:《基于 AIOps 的无人运维》,http://www.gaowei.vip/m/info/DXBFWO,2019 年。

饶琛琳:《ELKStack 权威指南(第 2 版)》,机械工业出版社 2017 年版。

曾军、周国富:《基于机器学习的多语言文本抽取系统实现》,《计算机应用与软件》2017 年第 4 期。

Chen, Wenxiao, Haowen Xu, Zeyan Li, Dan Pei, Jie Chen, Hong Lin, Yang Feng, Zhaogang, 2019. "Unsupervised Anomaly Detection for Intricate KPIs via Adversarial Training of VAE," INFOCOM 2019, Paris, France, April 29—May 2.

Prasad, P., W. Cappellli, and C. Fletcher, 2017, "Market Guide for AIOps Platforms", Gartner, Inc.

第三部分　安全与管理篇

　　本部分主要聚焦证券行业信息安全与管理方面的研究热点，分别探讨了以蜜罐技术为基础的基于攻击链模型的网络威胁捕猎架构、基于可信计算的金融信息系统安全态势感知平台设计，以及物联网定位技术在数据中心人员管理上的应用。

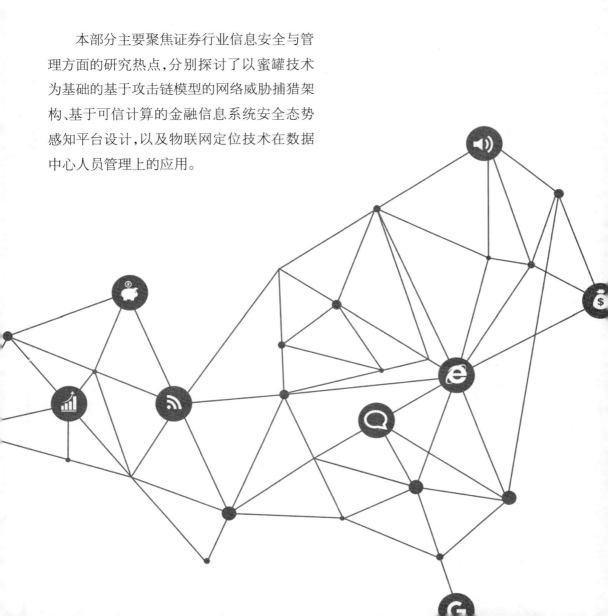

基于攻击链的网络威胁捕猎架构设计[*]

1 绪论

1.1 研究背景

当前,黑客技术不断发展,数据泄露、勒索病毒等网络安全事件频繁发生,网络安全威胁已经成为了一个突出的社会性问题。在此形势下,证券行业随着互联网的发展和大数据、云计算等技术的应用发生了翻天覆地的变革,也面临着更高的安全风险。

由于网络安全攻守双方的视角不同,防守方往往处于被动局面,攻击方只需要找到一个突破点就能攻击成功,而防守方不仅要考虑全局,还要具备快速的检测能力和完善的应急机制才能尽可能地确保信息系统安全(王瑶、艾中良、张先国,2018)。

蜜罐(honeypot)技术就是为了改变这种被动的防护状况而出现的一种主动防护技术(诸葛建伟、唐勇、韩心慧等,2013)。蜜罐通常被定义为一种安全资源,它不需要提供实际的应用,其存在价值就是诱导和记录攻击者的攻击行为,延缓其攻击进程,使得防御方可以了解攻击者的入侵方法和手段,并根据捕获的攻击行为数据,针对性地增强系统的安全防护能力(杨德全、刘卫民、俞宙,2018)。

1.1.1 蜜罐的功能及分类

蜜罐通常具备数据捕获、数据分析和数据控制方面的功能。数据捕获主要收

[*] 本章由长江证券股份有限公司、安信证券股份有限公司、北京长亭科技有限公司共同完成,团队成员包括韦洪波、潘进、肖建国、陈传鹏、徐承文、李家攀、徐鹏志、孙凡琦等。

集主机数据或者网络数据,主机上可以捕获攻击者的 TCP 连接情况、执行的命令、各种日志信息等,网络数据包括防护系统日志、网络流量数据等。但蜜罐的价值通常需要对捕获的数据进行分析后才能体现,主要包括网络协议类型分析、攻击行为分析和攻击数据包内容分析等。数据控制主要是指通过对蜜罐的对外数据发送和网络进行限制,使得当蜜罐系统被攻击者攻破时,也不会造成更多的危害。数据控制主要用来保障蜜罐本身的安全。

蜜罐通常可以分为低交互蜜罐和高交互式蜜罐两类。低交互蜜罐通常只提供少量的交互功能,蜜罐在特定端口监听连接并记录数据包,可以用来实现端口扫描和暴力破解的检测。低交互蜜罐结构简单,易于安装部署,由于模拟程度低、功能较少,收集信息有限,但风险也较低。

高交互蜜罐通常基于真实的应用环境来构建,能提供真实的服务。它可用来获取大量的信息,能够捕获攻击者的多种操作行为,从而具备发现新的攻击方式和漏洞利用方法的能力。由于高交互蜜罐给攻击者提供了一个相对真实的应用环境,因此风险较大,通常会注重数据控制方面的功能。

1.1.2 蜜罐技术研究发展现状

蜜罐技术不是一个新概念,威胁情报概念的流行已有数年时间,"威胁(threat)"和"情报(intelligence)"正在成为大家关注的焦点。这几年随着威胁情报的成熟,蜜罐技术得到了越来越多的关注,也逐渐形成低交互、中交互、高交互等交互程度的各类蜜罐,从 Web 业务蜜罐、SSH 应用蜜罐、网络协议栈蜜罐,到系统主机型蜜罐的各功能型蜜罐,小到一个 Word 文档的蜜标,一个系统级的服务蜜罐,再到多功能蜜罐组成的蜜网,大到包含流控制重定向分布式蜜网组成的蜜场。

随着虚拟化技术的发展,各种虚拟蜜罐也得到了发展,可以通过虚拟机来实现高交互蜜罐,以及通过 Docker 实现业务型蜜罐。它不再像以前需要昂贵的硬件设备的部署支撑,这大大减少了蜜罐的部署成本,一台主机就可以实现整个集群数据控制、数据捕获和数据分析于一体的多功能多蜜罐高交互蜜网的体系架构。目前已经产生了一些不错的开源蜜罐产品或项目,比如 T-Pot、MHN、HoneypotProject 等。T-Pot 是一个基于 Docker 容器的集成了众多针对不同应用蜜罐程序的系统,该蜜罐平台直接提供一个系统 ISO,里面使用 Docker 技术实现多个蜜罐可以,更加方便地进行蜜罐研究与数据捕获。MHN 现代蜜网简化了蜜罐的部署,集成了多种蜜罐的安装脚本,可以快速部署、使用,也能够快速地从节点收集数据。

蜜罐高保真、高质量的数据集把安全人员从以前海量日志分析的繁琐过程中解放出来。对于蜜罐的连接访问都是攻击信息,并且不再像以前的特征分析具有一定的滞后性,可以用于捕获新型的网络攻击。

1.1.3 研究目的与意义

网络攻击链描述了攻击者完成一次攻击需要执行的七个步骤,包括侦查探测、制作攻击工具、将工具投送到目标、释放代码、成功安装并控制、主动外联、远程控制及扩散。在攻击链的所有步骤中,防御者在各个阶段都有机会阻断攻击行为。借助攻击链检测和安全控制措施,企业将能够:

(1)更好地了解基于攻击链各个阶段的控制措施;

(2)更早地识别攻击,尽可能降低攻击影响,最大化防御效果;

(3)如果已经出现攻击者,则在数据泄露之前就能够检测到;

(4)获取攻击者真实的攻击意图和攻击手法。

1.2 研究目标

本章主要实现以下六项研究目标:

(1)研究典型攻击链的威胁捕猎场景;

(2)研究分布式网络威胁捕猎技术设计与部署架构;

(3)研究高交互式蜜罐设计方案;

(4)研究基于业务逻辑的轻量级攻击捕猎探针设计;

(5)研究攻击意图和未知手法的跟踪发现;

(6)研究基于蜜标的攻击溯源设计。

1.3 研究方法

本章以蜜罐技术为基础,设计了基于攻击链模型的网络威胁捕猎架构,通过伪装真实的目标主机和网络环境,诱骗攻击者进入蜜罐系统,收集并分析其在蜜罐系统中的各种操作日志,了解其攻击手法,总结其攻击意图。

本章所采用的研究方法如下:

(1)深入研究经典攻击链模型的七个步骤,并将其划分为四个攻击阶段。对应每一个阶段,分别设计出网络欺骗模块、攻击捕获模块、信息控制模块与特征提取模块,并以此四个模块为基础来构建网络威胁捕猎技术框架。

(2)提出一种基于轻量级代理的蜜罐体系建设方案,分别从分布式代理模式设计、配置高交互式蜜罐两个方面来阐述此建设方案。

(3)研究应用级业务分流的陷阱捕获方案,设计基于业务逻辑的攻击捕猎探针,用以提高蜜罐捕猎的有效性。

(4)通过日志聚合与攻击画像研究攻击链模型的每个攻击阶段,从而探测攻击者的攻击意图和手法,为追溯与分析安全威胁提供基础数据支持。

2   网络威胁捕猎场景与设计

2.1   典型攻击链的威胁捕猎场景

信息安全是基于攻防双方力量不均衡和信息不对称的博弈(吕毅,2018)。虽然对手信息在变,但通过预测对手行为,尽可能多地掌握对手信息,会让战局处于相对优势,即所谓"未知攻,焉知防"。因此,从攻击者角度出发的攻击链(Intrusion Kill Chain)模型就有借鉴意义。该模型由美国洛克西德·马丁公司于2011年提出,将网络空间攻击行为分为七个步骤,包括侦查探测(Reconnaissance)、制作攻击工具(Weaponization)、将工具投送到目标(Delivery)、释放代码(Exploitation)、成功安装并控制(Installation)、主动外联(Command & Control)、远程控制及扩散(Actions on Objectives)(绿盟科技,2015),如图 1 所示。

攻击链模型的精髓在于明确提出网络攻防过程中攻防双方互有优势,攻击方必须专一持续,而防守方若能阻断或瓦解攻击方的任何进攻组织环节,即可成功地挫败对手的攻击企图。同时,攻击链模型提供了一种纵深防御的概念,即在攻

图 1   典型攻击链模型

击最终造成损失的七步中,任何一步的察觉或者阻挡均能有效阻止和阻断(btosea,2018)。意即,即使发现了被攻破,在造成最后损失前,都还有机会进行补救。

2.2   网络威胁捕猎技术框架

攻击链的构建会直接影响网络威胁捕猎的效果。为适应新的攻击行为和攻击手法,本章将典型攻击链模型的七个步骤分为了四个攻击阶段,即侦查阶段、渗透攻击阶段、攻陷阶段与恶意行为阶段(段凯元、何申、程叶霞,2014),如图 2 所示。对应每一个阶段,分别设计出网络欺骗模块、攻击捕获模块、信息控制模块与特征提取模块,并以此四个模块为基础来构建网络威胁捕猎技术框架。

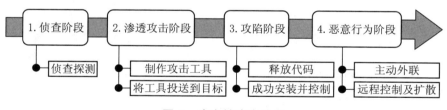

图 2   攻击链攻击阶段

2.2.1   网络欺骗模块

网络欺骗模块主要针对攻击链的侦查阶段,本章主要通过蜜罐的伪装来达到攻击欺骗的目的。为了达到更好、更真实的诱捕效果,蜜罐系统主要从网络、终端和应用三个层次进行伪装,如图 3 所示。网络层面主要是将蜜罐节点与真实节点部署在相同的网段,终端层面主要是使用相似的终端并模拟交互命令,应用层面则是制定高交互蜜罐仿制系统应用。同时,为了提高伪装的程度,还可以根据系统的特点在蜜罐中加上业务特点、虚假的敏感数据以及中间件服务。

图 3   网络欺骗模块

2.2.2   攻击捕获模块

攻击捕获模块主要针对攻击链的渗透攻击阶段,用以监视与记录进入蜜罐系统的所有行为。一旦监控到有攻击者对蜜罐系统的非法操作,马上生成相关记录信息,如图 4 所示。记录的内容至少包括时间戳、探针 ID、源 IP、源端口、源 MAC

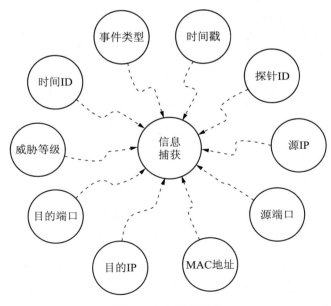

图 4   攻击捕获模块

地址、目的 IP、目的端口、威胁等级、额外信息（具体的事件详情）、时间 ID、事件类型、来源蜜罐等，以 json 格式进行记录，并通过表格、图形等方式进行可视化展示。

2.2.3 信息控制模块

信息控制模块主要针对攻击链的攻陷阶段。它通过对进入蜜罐系统的攻击行为进行限制，保证攻击者不会以被攻陷的蜜罐主机为跳板，渗透攻击其他系统并造成危害。

伪装越真实的蜜罐，越要控制突破风险。如图 5 所示，本章通过流量监控、网段封锁和虚拟化三个层面来达到信息控制的目的。一般来说，流量监控主要是监控攻击者的所有入侵流量，若存在内网端口嗅探、反向代理等内网攻击行为，则立刻发出报警并阻断攻击；网段封锁通常是通过防火墙与路由器设置各网段的访问规则，禁止蜜罐中的流量访问真实资产；虚拟化则是采用虚拟化技术配置蜜罐，确保攻击者入侵后不会影响其他服务，把攻陷阶段的风险控制在最小范围。

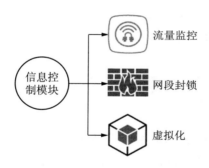

图 5　信息控制模块

2.2.4 特征提取模块

特征提取模块主要针对攻击链的恶意行为阶段。它通过提取攻击者在目标主机安装的恶意软件特征，监控恶意软件的行为，探测攻击者的入侵意图，获取攻击者的关键情报，从而可以针对性地对攻击行为进行防御。

特征提取模块主要是从攻击行为和关键情报进行特征提取，如图 6 所示。攻击行为主要是针对恶意行为阶段的攻击特征提取；而关键情报可以分为武器类情报和资产类情报，武器类情报包括攻击者使用的攻击工具、恶意软件以及病毒木马等，资产类情报包括攻击者所掌控的信息资源、爆破字典、病毒分发服务器以及远控 IP 信息等。

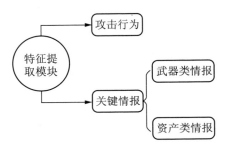

图 6   特征提取模块

3   基于轻量级代理的蜜罐体系建设方案

在攻击侦查阶段,传统蜜罐往往存在流量控制困难、物理机部署不方便、动态性与扩展性不足的问题(elknot, 2018)。本章提出一种基于轻量级代理的蜜罐体系建设方案,本节分别从分布式代理模式设计、配置高交互式蜜罐两个方面来阐述此建设方案。

3.1   分布式代理模式设计

为了适应流量包的高速需求,避免交换瓶颈,提高运营效率,蜜罐系统采用便于轻量化部署的分布式代理模式设计。本章中将蜜罐系统共分为两个部分,即蜜罐服务部分与探针部分,可分别视作管理节点和探针节点。

其中,管理节点位于一台性能较高的 Linux 上,通过 Docker 虚拟化部署蜜罐服务。Docker 容器是一种轻量级的虚拟化技术,与传统的虚拟化技术相比,它能让更多数量的应用程序在同一硬件上运行,简化了管理和部署应用程序的任务,能够实现高速、轻量的目标(信安之路,2017)。

管理节点是整个系统的中枢部分,负责策略管理、日志收集、请求处理,通过 OpenAPI、SysLog、邮件告警与网络中的其他运维设备进行交互,通过前端 Web 界面实现对系统的可视化管理。管理节点的主要作用包括对探针的运行状态进行监控,对探针转发的数据进行处理和响应。

　　管理节点与探针节点采用一对多设计。在网络可达的前提下，一个管理节点即可统一管理网络中的多个探针节点。探针节点会自动注册到管理节点，并定时发送自身的运行状态信息。

　　探针节点分布于网络中各个独立的主机系统上，其主要作用是监听端口、伪装真实服务、采集攻击流量、代理攻击流量到蜜罐服务。在监听的端口接收到流量时，探针节点并不直接对请求作出回应，而是先通过网络欺骗模块将流量转发到蜜罐服务运行的环境，由后者对数据包进行处理，并将响应请求发送至探针，再由探针对发起请求的客户端进行响应。

　　在该结构中，管理节点与探针节点之间的数据传输信道经过加密处理，管理节点不对外直接监听服务。经探针代理转发到管理节点的流量仅在 Docker 的虚拟环境中运行，且每个蜜罐服务使用不同的容器独立运行，以此来保证蜜罐系统的安全性。

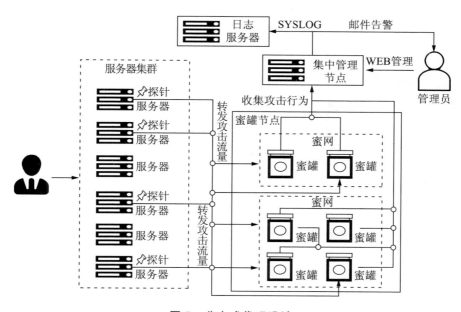

图 7　分布式代理设计

　　如图 7 所示，在服务器集群中，将部署有探针的节点与其他服务器的节点混合。一旦入侵者试图访问真实的服务，如建立完整 TCP 连接、SYN 探测、业务数据访问等，探针节点即将流量代理转发至位于管理节点的蜜罐中。蜜罐处理后，将响应数据包交由探针节点,再由探针节点对入侵者进行应答。信息控制模块将整个交互过程控制在一个闭塞的虚拟化平台中,保证蜜罐服务所在的环境不会被攻陷并作为一台跳板机向内网其他机器发起攻击。

3.2　高交互式蜜罐设计

在渗透攻击阶段,攻击者往往只会在确定了攻击目标后才会"将工具投送到目标"。从攻击链的角度来看,想要捕获整条攻击链上的数据信息,必须要采用高交互式的蜜罐设计。

高交互蜜罐通常基于真实的应用环境来构建,能提供真实的服务。高交互蜜罐能够捕获攻击者的多种操作行为,具备发现新的攻击方式和漏洞利用方法的能力。由于高交互蜜罐给攻击者提供了一个相对真实的应用环境,因此风险较大(安全值团队,2018)。信息控制模块通常会注重数据控制方面的功能。

本章在真实的运行环境中,根据网络拓扑信息、服务器列表、网络安全域划分以及IP分布情况,计算出各个网段需要部署的蜜罐数量,并在实际运行过程中动态调整。

蜜罐的网络欺骗模块包括常见的主流服务类型,例如 Web 类、数据库类、系统服务类、漏洞缺陷类等,所使用的协议均为标准协议,敏感信息经过混淆后加入蜜罐,提高伪装程度,更真实地模拟业务系统。入侵者在访问探针节点时,能够得到真实的响应和数据。通过在合适的区域场景选择合适的蜜罐类型,能够达到高度的迷惑性。

蜜罐服务打包成 Docker 镜像,直接使用 Docker 运行加载。信息控制模块通过给每个蜜罐配置单独的 Docker 容器,确保攻击者入侵后不会影响其他服务,把入侵风险控制在最小范围。

4　陷阱捕获设计方案

正如陷阱一样,蜜罐必须经过恰当的配置才能吸引正确的目标,并在不被察觉的情况下捕捉攻击者,并对其行为进行监测。蜜罐的管理者要思考以下几个问题:对哪些行为进行监测,对谁的行为进行监测,什么时候进行行为监测等(百度安全应急响应中心,2018)。如果配置不当,蜜罐不仅不能吸引到猎物,而且很容易被攻击者劫持。另外,盲目捕捉大量的网络行为将导致数据处理上的困难。因此,需要针对某个特定的目标,对蜜罐进行定制化的配置。本节将讨论基于业务逻辑的攻击捕猎探针的设计,以及内嵌植入式的应用级业务分流方案,用以提高蜜罐捕猎的有效性。

4.1　基于业务逻辑的攻击捕猎探针设计

作为主动引流蜜罐,探针的设计需要符合业务逻辑,否则很难具有真正意义上的伪装和诱导作用。针对渗透攻击阶段的特点,攻击捕获模块基于业务场景定制业务逻辑相关的蜜罐检测机制。证券行业的业务模式与一般互联网 Web 业务不尽相同。对于互联网 Web 系统,攻击者关注的一般都是传统的漏洞,蜜罐探针则只需要基于传统的攻击引流。而证券行业涉及各种各样的业务模型,每个业务模型又会有多种业务功能,攻击者在进行攻击嗅探和信息收集时,会根据业务形态判断是否有部署蜜罐的可能性(李秋锐,2012),以及存在刻意避开特定服务(探针服务)的可能性。因此,探针的设计需要更加契合业务形态或逻辑,针对每一项业务安全场景,设计相应的探针进行攻击引流。

在本章中,蜜罐中设计的业务场景如表 1 所示。其中,"数据校验探针"可以将那些正在尝试"0 元购"的攻击者引流到蜜罐中,"接口流量探针"可以对重要业务接口进行异常流量监测并引流。

表 1　业务安全与探针设计

业务安全类型	探针名称	探针作用
验证码突破	验证码探针	验证码爆破攻击引流
业务授权安全	权限探针	未授权访问流量引流
业务流程乱序	流程顺序探针	流程乱序攻击引流
业务接口调用	接口流量探针	接口异常流量引流
身份认证安全	认证失败探针	身份认证攻击引流
业务一致性安全	一致性校验探针	非一致性流量引流
业务数据篡改	数据校验探针	数据篡改流量引流
时效绕过	时效监控探针	可疑时效流量引流

4.2   内嵌植入式的应用级业务分流

攻击者在前期进行信息收集时，会逐个对 VLAN 或者子网进行扫描，然后对发现的资产进行筛选，最后尝试攻击感兴趣的服务。因此，攻击行为具有不确定性，不确定因素在于攻击的范围和应用的类型。

如图 8 所示，通过分布式架构设计，以子网为最小部署单位，将探针分散部署到不同的子网中。根据真实资产的分布特点，部署合适数量及类型的探针节点，与真实资产节点混合，能够有效实现业务分流。

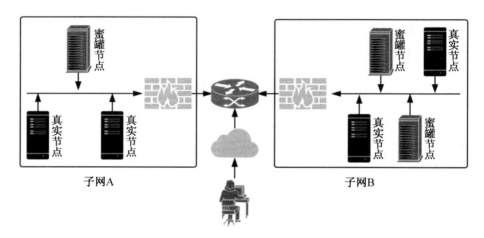

图 8   探针内嵌植入式设计

这种分布式的特性，有效地增强了不同网段对于入侵流量的承载面，提高了与入侵者的碰撞率，使得入侵流量能够更大几率地被引流到蜜罐，同时减小了真实资产节点的受攻击面。另外，通过增加各网段的服务数量，增长了入侵者的筛选时间，延缓了攻击过程。

5   攻击意图和攻击溯源探测研究

传统的网络安全防御会阻断攻击行为，因而无法对攻击者的攻击行为进行持续追踪（陈周国、蒲石、赫尧等，2014）。本章通过攻击捕获模块和特征提取模块对攻击意图和未知手法进行不间断的跟踪发现，深度追踪攻击者行为，探索其真实意图和手法，针对性地采取更高效的防御措施。本节介绍捕获威胁数据之后的日志聚合与攻击画像，探测攻击者的攻击意图和手法，为追溯与分析安全威胁提供基础数据支持。

5.1　日志聚合与攻击画像

要记录攻击链上每个环节的数据信息，则必须对日志进行聚合。所有入侵事件均由正在提供服务的蜜罐报告，并且通过管理节点上的其他关键组件进行日志聚合。目前来看，最为合理的方式是以蜜罐为记录对象，以时间线的方式进行聚合。从攻击链的侦查阶段开始，到恶意行为阶段结束，由上往下呈现，中间按照时间穿插攻击事件，每个攻击事件有不同类型，类型对应着固定的危险等级。日志的内容至少包括时间戳、探针 ID、源 IP、源端口、源 MAC 地址、目的 IP、目的端口、威胁等级、额外信息（具体的事件详情）、时间 ID、事件类型、来源蜜罐等，以 json、XML 等跨平台数据格式进行传递。

日志聚合的细分维度如图 9 显示。其中，入侵时间线包括时间、事件类型、时间详情、操作回放，此四个维度能够对一次入侵事件进行还原。

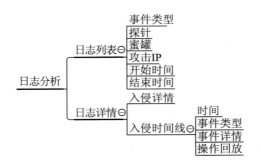

图 9　日志聚合细分维度

攻击链模型的每个阶段的数据都在日志中记录，因此可基于日志数据进行攻击画像。一次完整的攻击画像应该包括：动机、作息、深度和广度、复杂度、隐蔽性、攻击源、脆弱性、工具以及目标，如图 10 所示。

图 10   攻击画像

动机主要描述攻击的原因,通常只能猜测,但是对高交互蜜罐的动作可能会揭示一些见解。广度和深度可以从攻击频率、攻击传播和高交互蜜罐通过感染的程度推断出。攻击复杂度是用来描述攻击执行的难度的。攻击源通常可以通过事务元信息来确定;脆弱性通常通过利用检测技术来识别。工具则是记录具有一定交互度的攻击工具(崔嘉,2016)。

5.2   攻击意图探测与情报获取

基于攻击链的入侵意图分析,是最直接有效的入侵证据链(Naruoka,Matsuta,Machii et al.,2015)。本章区别于传统蜜罐的阻断模式,代之对攻击链进行引流,以分析威胁的真实意图和手法。

本章通过攻击捕获模块记录攻击者的所有攻击行为,并进行日志聚合与攻击画像,在此基础上可以还原攻击链的完整过程。针对攻击链的恶意行为阶段,特征提取模块通过提取攻击者在目标主机安装的恶意软件特征,监控恶意软件的行为,从而探测攻击者的入侵意图,获取攻击者的关键情报。

攻击意图的预测依赖于内置的攻击路径模型,如图 11 所示,攻击者使用 Nmap 对蜜罐系统进行全端口扫描,在扫描出 22 端口后对系统进行 SSH 爆破,并成功拿到系统权限,攻击捕获模块监视并记录着此次攻击行为。蜜罐管理节点会立即向系统管理员发出邮件告警,如图 12 所示,邮件里面会详细记录攻击者的入侵时间段、入侵信息以及攻击事件统计。

```
daedalus@localhost ~ sudo nmap -sS -v 192.168.1.164
Password:
Starting Nmap 7.70 ( https://nmap.org ) at 2018-12-27 11:35 CST
Initiating ARP Ping Scan at 11:35
Scanning 192.168.1.164 [1 port]
Completed ARP Ping Scan at 11:35, 0.01s elapsed (1 total hosts)
Initiating Parallel DNS resolution of 1 host. at 11:35
Completed Parallel DNS resolution of 1 host. at 11:35, 0.00s elapsed
Initiating SYN Stealth Scan at 11:35
Scanning localhost (192.168.1.164) [1000 ports]
Discovered open port 8080/tcp on 192.168.1.164
Discovered open port 22/tcp on 192.168.1.164
Discovered open port 8001/tcp on 192.168.1.164
Completed SYN Stealth Scan at 11:36, 10.90s elapsed (1000 total ports)
Nmap scan report for localhost (192.168.1.164)
Host is up (0.18s latency).
Not shown: 997 closed ports
PORT     STATE SERVICE
22/tcp   open  ssh
8001/tcp open  vcom-tunnel
8080/tcp open  http-proxy
MAC Address: 00:0C:29:35:6E:37 (VMware)

Read data files from: /usr/local/bin/../share/nmap
Nmap done: 1 IP address (1 host up) scanned in 11.26 seconds
           Raw packets sent: 1100 (48.384KB) | Rcvd: 1111 (44.862KB)
daedalus@localhost ~
```

图 11　端口扫描攻击模拟

谛听

威胁感知告警汇总

通知详情

谛听于北京时间 2018-12-25 16:08:41 至 2018-12-25
17:01:40 捕获到一次入侵，入侵统计如下

入侵信息

探针名称	linux
探针IP	192.168.1.164
蜜罐名称	ssh
蜜罐类型	SSH
发生时间	2018-12-25 16:08:41 - 2018-12-25 17:01:40
攻击者IP	10.2.7.147

事件统计

事件类型	Shell 命令执行
危险等级	高危
发生次数	2

事件类型	密码登录事件
危险等级	高危
发生次数	1

点击查看谛听告警事件参考性解决方案

图 12　邮件告警

　　在这次攻击中,攻击者的所有动作都被蜜罐捕获,如图 13 所示,蜜罐详细地记录此次攻击时间线,我们可以很直观地观测到攻击者是何时开始建立连接的,用哪个密码爆破成功,登录后的高危命令执行事件,以及在蜜罐主机中遗留的恶意文件。

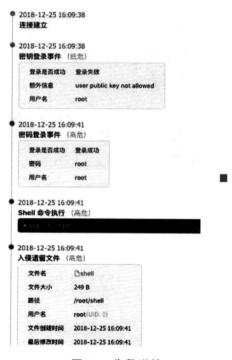

图 13　告警详情

　　为了更详细地分析入侵者的所有攻击过程,我们还可以对蜜罐日志进行分析,蜜罐管理系统提供了日志下载功能,经过日志分析可以完整地还原此次攻击过程,如图 14 所示。首先,入侵者对目标系统进行全端口扫描,然后进行 SSH 爆破;爆破成功拿到权限后,会检查系统或服务自身的安全措施;接着对安全措施进行破坏,例如修改 Iptables、Selinux 等;然后使用目标系统下载攻击程序或脚本;最后使用下载的程序或脚本执行攻击命令,对外发起 DDOS 攻击。

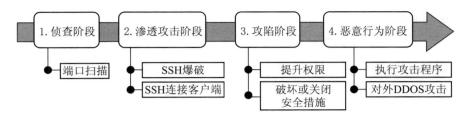

图 14　攻击过程

　　在此次攻击链的恶意行为阶段,特征提取模块监控着恶意软件对外执行攻击命令的行为,成功地探测到攻击者的攻击意图。除此之外,特征提取模块还能在这次攻击链还原中获取到关键情报,如图 15 所示。获取的情报分为两类:一是"资产类情报",包括 SSH 爆破字典、SSH 连接客户端、病毒分发服务器 IP/域名、远程控制域名/IP 等;二是"武器类情报",包括病毒样本、攻击时执行的命令、攻击时对系统产生的影响等。蜜罐系统依赖这两类情报,对入侵流量进行标记,与攻击路径模型进行匹配,以此预测攻击意图;对于未知手法,则依据对系统造成的最终影响进行判断,以此完善和丰富攻击路径模型。

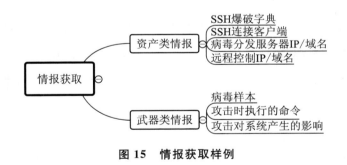

图 15　情报获取样例

5.3　基于蜜标的攻击溯源设计

　　无论是传统的网络防御设备还是传统的蜜罐系统,攻击溯源的追踪一直都是一个难以解决的问题,我们通常能获得到的仅仅只是攻击画像中的攻击源 IP 信息。然而,在服务器蜜罐的情况下,必须考虑他们可能已经接收到虚假的 IP 地址(Phamand Dacier,2011)。本章基于传统的蜜罐攻击溯源,针对证券公司系统专有的业务特点,通过网络欺骗模块进行数据伪装,设计信息记录模块,以此来进行特有的溯源分析。

众所周知,攻击者针对证券公司系统的入侵,绝大多数都是以获取证券公司客户信息为目的的。为此,我们在蜜罐伪装层面加入一些带"特定信息"的虚假客户数据,并可称这些"特定信息"为蜜标。

通俗来讲,蜜标即嵌入数据的特定标识。一旦攻击者入侵了蜜罐主机,窃取了带有蜜标的数据或文件,并执行相关操作,就会触发蜜标的内嵌脚本,记录并回传攻击主机的相关信息。同时,远程服务器检测到相关异常,接收回传的攻击主机信息,并向安全管理员发出告警,使其能够利用获取到的攻击数据进行追踪定位,以及对攻击者的相关行为进行分析(NASIR and AL-MOUSA,2013)。

本章通过网络欺骗模块进行数据伪装,设计带有蜜标的虚拟用户数据,数据的存储格式可以是 Word、Excel 或 PDF 等文本格式,也可以是 MySQL、MSSQL 等数据库文件。在设计时要求这些文件中的蜜标容易检测,且对攻击者来说不可见,同时该文件在传输过程中仍能进行检测和提取。并且,蜜标文件的命名与分发部署要精心设计,一方面要能让攻击者容易发现并引起其浓厚兴趣,另一方面又不能引起攻击者的怀疑,进而识别出蜜罐的陷阱环境。

蜜罐系统在攻击者感兴趣的资源中加入信息记录模块,当攻击者访问了带有信息记录模块的资源时,信息记录模块将会在攻击者使用的终端上运行,并收集攻击者终端的信息。收集到的信息用于对攻击者的身份信息进行分析,根据身份信息实现对攻击者的追踪。

本节提出的信息记录模块由两部分组成:蜜标文件和溯源服务器。蜜标文件负责对攻击者客户端信息的收集,并将收集到的信息发送到溯源服务器,溯源服务器接收蜜标文件发回的信息,并对攻击者活动进行关联。

信息记录模块的运转流程步骤如图 16 所示:

(1)防御者预先在攻击者可能访问的蜜罐中放置蜜标文件;

(2)攻击者访问部署有蜜标文件的资源;

(3)蜜标文件在攻击者终端上收集信息;

(4)蜜标文件收集的信息回传到溯源服务器;

(5)溯源服务器根据收集到的信息生成身份标识,依据身份标识对攻击者进行跟踪，将属于同一个攻击者的活动进行关联。

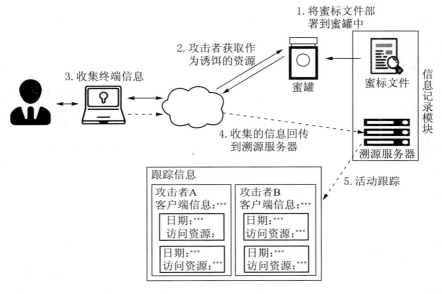

图 16　攻击溯源过程

当攻击者窃取并执行蜜罐环境中的蜜标文件时，我们能够以蜜标为依据，分析获取攻击主机的 IP 地址、Windows 版本、浏览器指纹等相关信息，从而实现对多跳攻击窃密行为的追踪定位。当蜜标文件为我们设定的证券公司虚拟客户数据时，我们可以进一步监控该数据的流向以及倒卖路线，最终可为公安部门提供有效的情报数据分析。

6　总结与展望

信息安全不再局限于预防，更在于检测、响应和深度防御。构建全面、高效的网络威胁捕猎解决方案不仅有助于提高安全防御的有效性，还可以支持企业的整个安全生命周期。本章基于攻击链模型构建了网络威胁捕猎技术框架，以高交互式蜜罐伪装真实的目标主机网络环境，通过探针代理的方式监听相关服务，内嵌植入式的应用级业务分流对网络攻击进行诱骗，收集攻击者在蜜罐系统中的各种操作,进而分析总结其攻击手法和攻击意图等。

本章提出的网络威胁捕猎技术应用于证券交易所的展望有:

(1)基于证券交易所安全防护的自身特点,往往无法预先定义攻击者的轮廓特征,正向情报收集面临效益少、命中率低的问题,且缺乏足够的恶意样本比对分析。通过部署蜜罐可以有效解决上述问题。本章设计的分布式蜜罐系统在开放网络下部署启用多台蜜罐,每台蜜罐当中部署数种服务,如 HTTP、FTP、DNS、SSH 等,该类服务通常内嵌有明显漏洞,如匿名登录或知名的 0day 漏洞等,诱导攻击者利用,并通过脚本与攻击者进行一定程度的交互。在安全内网中搭建蜜罐统一管理和分析,以实时或异步的方式分析蜜罐日志,提取威胁情报并与已有安全体系对接,更新有关策略与知识库,形成一个关于安全策略持续更新学习的闭环。

(2)区别于传统互联网的开源系统或者商务系统,证券交易所的相关系统一般只属于交易所独立特有的,虽然系统上线之前会经过各种安全测评,但谁也无法保证系统一定是没有任何漏洞的。又因交易所系统独立特有的性质,互联网上很少会有针对交易所系统的研究文章,虽然存在的安全风险较小,但这也导致传统的安全防御设备难以部署有针对性的防御措施,倘若攻击者掌握某种系统的 0day 漏洞,攻击行为可能让传统的安全设备毫无察觉。本章提出的陷阱捕获方案,打造高交互性的蜜罐系统,可以搭建交易所仿真业务系统,并进行业务逻辑的攻击引流,若将攻击者成功引入蜜罐系统,我们不仅能获取到攻击者的所有攻击行为以及攻击工具,还能发现该业务系统的漏洞,并作用于真实业务系统,及时修复漏洞。

(3)区别于传统的网络攻击行为,针对证券交易所的攻击往往更具隐蔽性,被动的网络攻击防御措施往往难以察觉,或者在探测到攻击的初始阶段就阻断了攻击。但是伴随着新型的 APT 攻击的出现,很多传统的安全技术手段已经无法满足对内部威胁的及时发现。攻击者可能通过社会工程学的手段得到用户的信息,使用网络钓鱼或者水坑攻击的方式进入企业内网个人电脑,但是要拿到有价值的内部敏感信息,攻击者需要进一步部署攻击链,包括获取凭证、内网资产扫描等探测工作。而由于证券交易所是特殊的金融机构,往往难以在业务服务器上安装安全解决方案，甚至不能配置日志系统，那么，目前部署蜜罐是最好的解决方案。本章提出的基于攻击链的蜜罐系统，可以有效地防御 APT 攻击中的内网探测风险。经典的攻击链模型则提供了一种纵深防御的概念，即在攻击最终造成损失的七步中，任何一步的察觉或者阻挡均能有效阻止和阻断攻击。虽然攻击者可能通过某种途径拿到了企业内网个人电脑的权限，但在造成最后的损失之前，我们都有机会进行补救。这也是本研究的目的之一：如果已经出现攻击者，那么在数据泄露之前能够检测到它。

不过，当前主动诱捕的追踪溯源技术还不完善，需要在攻击主机信息的隐蔽回传、对攻击者和攻击组织的溯源等方面继续深入研究。此外，全面地研究基于攻击链的威胁捕猎技术，可以在深入理解攻击手法和攻击模式的基础上，帮助防御者实现攻击反制，有利于更好地保障关键信息系统和网络的安全运行，加强关键网络对攻击入侵的防御能力，提升各机构的网络威胁预警能力、网络攻击监测能力，以及安全事件的快速应急响应能力。

参考文献

王瑶、艾中良、张先国：《基于蜜标和蜜罐的追踪溯源技术研究与实现》，《信息技术》2018 年第 3 期，第 108—112 页。

诸葛建伟、唐勇、韩心慧等：《蜜罐技术研究与应用进展》，《软件学报》2013 年第 4 期：第 825—842 页。

杨德全、刘卫民、俞宙：《基于蜜罐的主动防御应用研究》，《网络与信息安全学报》2018 年第 1 期。

吕毅：《基于攻击视角完善信息安全弹性防御体系的思考》，《金融电子化》2018 年第 6 期。

绿盟科技：《业界：绿盟发布基于攻击链的威胁感知系统》，https://www.freebuf.com/news/83102.html，2015 年 10 月 27 日。

bt0sea：《态势感知攻击链分析——Redis 未授权访问检测》，http://www.4hou.com/technology/13479.html，2018 年 9 月 8 日。

段凯元、何申、程叶霞：《基于 Kippo 蜜罐的 SSH 暴力破解行为分析》，《信息安全与通信保密》2014 年第 3 期：第 104—109 页。

elknot：《企业安全建设——模块化蜜罐平台的设计思路与想法》，https://xz.aliyun.com/t/1885/，2018 年 1 月 3 日。

信安之路：《基于 Docker 的蜜罐学习》，https://mp.weixin.qq.com/s/C7RqU6NfOKgYyN_Hs-FxXNw，2017 年 7 月 29 日。

安全值团队：《2017 年证券行业网络安全报告》，http://www.sohu.com/a/218372271_490113，2018 年 1 月 23 日。

百度安全应急响应中心:《被动防御之蜜网实践(一)》,https://www.secrss.com/articles/3825,2018 年 7 月 10 日。

李秋锐:《基于蜜罐网络的邮件捕获系统分析与部署》,《信息网络安全》2012 年第 1 期:第 64—67 页。

陈周国、蒲石、郝尧等:《网络攻击追踪溯源层次分析》,《计算机系统应用》2014 年第 1 期:第 1—7 页。

崔嘉:《蜜罐技术用于网络安全的分析与研究》,《信息安全与技术》2016 年第 6 期:第 11—13 页。

Naruoka, H., M. Matsuta, W. Machii, et al., 2015, "ICS Honeypot System Based on Attacker's Human Factors". *Procedia Manufacturing*, 30(3):65—69.

Pham, V. H., M. Dacier, 2011, "Honeypot Traces Forensics: The Observation Viewpoint Matters". *Future Generation Computer Systems*, 27(5):539—546.

NASIR, Q., Z. A. AL-MOUSA, 2013, "Honeypots aiding network forensics: challenges and notions". *Journal of Communications*, 8(11):53—84.

基于可信计算的金融信息系统安全态势感知平台[*]

1 绪论

1.1 研究背景

随着信息技术高速发展,信息化进程不断推进,我国证券期货金融的行业信息网络基础设施不断完善,承载着本行业的重要业务和经济活动。目前,金融领域关键基础信息系统的重要行业信息化程度高,智能化、网络化程度迅速发展,对网络的依赖性持续增强,一旦遭到攻击破坏,不仅可能导致大规模的财产损失,甚至可能威胁国家安全。2017 年 6 月 1 日,《中华人民共和国网络安全法》(以下简称《网络安全法》)的发布明确将服务商的重要网络和信息系统统称为关键信息基础设施,将其纳入国家重点保护范围,对其运行安全进行详细规定。这是我国首次在法律高度提出关键信息基础设施概念,并对关键信息基础设施保护提出具体要求,是我国在关键信息基础设施保护方面取得的重大进步,将促进国家关键信息基础设施网络安全形成新局面。

我国证券期货金融行业的信息系统,在数据共享和通讯方面发展迅速,其承载的数据价值也越来越高,一旦遭到攻击破坏,将会造成大量的经济损失。一方面,传统的安全手段,会基于黑名单、病毒库、特征库或规则等方法来防止异常进程与恶意文件(比如病毒)的使用。这样的优势是确定性强,误报率低,能很快确

---

[*] 本章由东吴(苏州)金融科技有限公司、北京大学软件与微电子学院八分量创新实验室共同完成,团队成员包括冯恂、华仁杰、张之浩、沈嗣贤、张子华、阮安邦、魏明、徐轶人。

定具体异常行为。但是其缺点是，如果并不知道异常行为或者恶意文件的样本，它就没有对应的病毒库或特征库，就不能进行识别与检测防御。另一方面，传统安全管理体系下，安全技术在软件生命周期的参与往往关注系统测试阶段或上线运维阶段，通过程序安全加固和外部入侵防御对开发完成的软件进行保护，但往往忽略了需求、设计、开发等前期重要环节。

为了解决这个问题，本研究对于异常进程或恶意文件采用可信计算的白名单方法，通过结合可信安全和区块链技术，保障金融数据在其完整生命周期内（收集、承载、处理与分发）的静态安全性与动态安全性。本研究的目的是为了响应《网络安全法》的规定，进行落地可行性方案的实施，在金融关键信息基础设施的全生命周期建设方面覆盖评估、预警、事件响应等多个环节流程的安全要求。基于更安全高效的持续软件集成与交付，本章切实可行地整合了区块链与大数据人工智能分析技术，为金融关键信息基础设施系统的关键数据建立可信的数据存证与传输，防止有金融恶意或者虚假数据在金融信息基础设施中产生。本研究的目标是能够实现安全从软件全生命周期出发，通过创新技术的科研落地全面实现信息安全在金融系统建设的有效落地。

1.2　研究方向

本研究的实施主体针对目前的证券期货金融系统的关键信息系统基础设施，基于可信安全、人工智能、区块链技术结合提出可信金融安全运维，解决当前金融行业面临的信息安全隐患。本研究的主要出发点具体有：

（1）信息安全在软件生命周期的前置，将传统的软件测试与交付阶段的信息安全工作扩展到包括需求设计在内的全生命周期。IBM的统计数据表明，产品在发布后修复安全问题的成本是在设计阶段解决问题的成本的 4—5 倍，而在运维阶段修复的成本甚至超出 100 倍。

（2）安全技术手段的自动化实现。为了能够让信息安全监测有效开展，传统制度和管理手段并不能有效实现信息安全的全生命周期覆盖，需要考虑通过新技术手段实现全自动化安全加固。

（3）持续安全态势感知，而非固守传统分析方法。面对实时变化的安全隐患与缺陷,必须结合历史数据与当前状态实时感知安全风险,这也对安全技术实现提出更高的要求。

　　因此,我们需要建立一套安全参与系统软件全生命周期的持续免疫系统。本研究的主要内容就是以主动安全免疫方法为核心,结合敏捷开发在证券智能持续交付运维的过程中对基础设施系统的持续监测以及多数据源大数据分析,建立自动化的金融关键信息系统基础设施的进程白名单与用户行为白名单,有效识别内外部威胁进程。及时辨别内外部的异常行为,有效发现入侵以及渗透工具的长期潜伏破坏,第一时间发现内外部威胁并及时处置。同时,本研究对金融关键信息基础设施的关键数据进行区块链技术的存证与传输,有效防止非法、异常的恶意篡改与丢失,防止有虚假数据的产生。结合人性化的可视化手段,最终研究出一个集防御、检测、响应、预测于一体的,自适应、软件全生命周期的安全运营解决方案。

1.3　创新方法

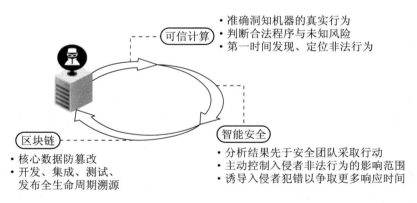

图 1　信息安全的创新方法

　　结合以上以及金融行业的实际情况,本章提出:基于可信安全技术,主动发现存在关键信息系统基础设施的异常恶意工具或者进程;基于大数据人工智能分析,对关键信息系统基础设施的用户行为进行用户行为画像(UEBA),能主动辨别用户行为属性,及时识别内外风险;使用区块链技术,建立防篡改与可溯源的核心数据保护。

2　技术方案

在上述解决框架中对于金融行业信息系统的全生命周期防护,包括如图 2 所示的软件需求、设计、开发、测试、发布、部署、运维和反馈环节中几十类的安全实践模块,通过可信计算技术、区块链技术以及人工智能技术实现对上述部分软件生命周期进行探索性防护。

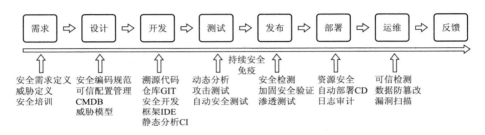

图 2　软件全生命周期持续免疫

2.1　可信安全技术实现关键系统的安全可控

可信计算组织(TCG)把"可信计算"定义为:软件和硬件能够按照它们被设计的行为运行。对于物理平台的完整性而言,可信计算技术提供了一种基于硬件的平台完整性保护方案。通过可信计算,我们能够在信息系统的数据共享和传输过程中,对所有信息节点进行可信安全检测,主动发现在这一过程中发生在关键信息系统基础设施的异常恶意工具或者进程。对于物理平台的完整性而言,可信计算技术提供了一种基于硬件的平台完整性保护方案,以 TCG 提出的可信平台模块(TPM)为信任根,从主机上电开始,到 BIOS 启动、GRUB 及操作系统内核加载的整个过程中逐级建立信任链,通过完整性度量架构(integrity measurement architecture,IMA)将信任链扩展到应用层,并借助远程证实协议允许远程用户证实平台的完整性,如图 3 所示。而实现的可信安全监控可以被本地和远程实体信任,实体包括用户、软件,实现了金融行业系统行为的完整性和系统的完整性。

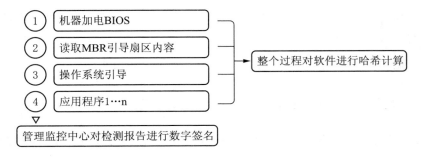

图3　可信计算引导流程

资料来源:华仁杰、张之浩、葛菊平、冯恂、阮安邦:《可信证券大数据平台设计与实现》,《计算机工程与应用》第53卷:第142页。

可信防护在证券系统建设的实现,通过 TPM 硬件级底层加载实现信息系统可信白名单 HASH 码证实,从而实现对异常进程加载的感知,相关技术设计框架如图4所示。在安全防御层面,技术方案即便在面对利用 0Day 漏洞或内部入侵已经取得 ROOT 权限后,根据可信链证实仍无法对系统进程进行非法启动和程序修改(华仁杰、张之浩、葛菊平、冯恂、阮安邦,2017;Ruan and Martin,2011,2012)。在安全自动化方面,可信计算白名单由持续免疫系统通过分析该服务器的运维策略、运行语义自动生成,从而极大程度地降低了白名单的管理成本,减小

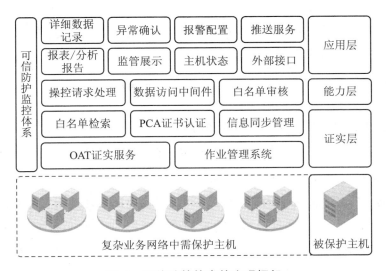

图4　可信防护技术的实现框架

了白名单人工管理的管理复杂度和潜在安全风险。这期望最终能够实现即便入侵者获得了该服务器的最高控制权，也无法加载用于实施破坏的恶意程序，如系统后门、病毒、渗透工具等，从而极大程度地丰富了传统边界防护的安全模式。

2.2　通过区块链技术实现信息安全的防篡改与溯源

实现对应金融关键信息系统基础设施的区块链存储与溯源方案，能对在数据共享过程中的关键系统基础设施的关键数据进行基于区块链的存证、传输。对于被恶意篡改的关键数据，我们能做到及时发现；对于虚假数据和非法篡改恶意数据，能在使用过程中发现，并能及时修复。区块链相关技术设计框架如图 5 所示。

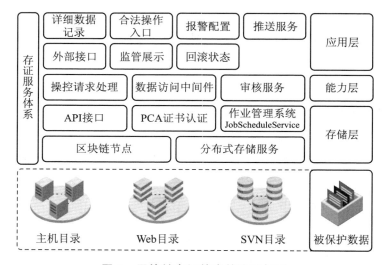

图 5　区块链存证技术的实现框架

首先，在数据收集阶段，用户数据被加密传输入区块链，以保证机密性和不可篡改性。用户同时指定数据处理契约，规定只有满足指定条件的可信处理应用才能在计算机运行环境中解密提取区块链中的数据。其次，在数据承载与处理阶段，验证每一个数据处理应用的可信性，并确保该应用始终处于可信状态。协调各数据处理方和区块链数据提供方的数据处理契约，制定可信数据访问策略，并依据策略授权可信应用解密和处理区块链中的数据。数据处理结果被加密存入区块链。最后，在数据分发阶段，加密返回区块链中数据处理结果，并同时返回可信审计记录。该记录都是基于区块链进行使用的，并将显示在以上处理的全过程中的关键行为，以保证记录本身的不可篡改和有效可信。

方案最终能够实现信息系统中所有关键数据、审计信息无法被篡改，使得外部攻击日志、恶意内部入侵与其渎职行为不可修改。

上述区块链存证和普通存证的区别主要体现在，区块链存证是一个"去中心化"的分布式系统，通过自身分布式节点，结合共识机制、密码学、时间戳等技术进行数据的存储、验证、传递和交流，从而实现点对点传输，具备更加安全且不可篡改的特性，增强了金融关键数据的可信度。而普通存证只是将数据以备份的形式存放在传统的中心服务器上，中心化的方式决定了其真实性无法自证，存在被篡改的风险。

除了具备去中心化和防篡改的特性，区块链还必须具有高吞吐能力。共识机制是制约区块链吞吐能力的核心因素，当前主流共识算法主要有以下几类，分别是：

（1）POW算力挖矿，通过哈希碰撞来随机分配记账权，节点规模最大，但是吞吐率最低；

（2）POS和DPOS，基于权益分配记账权，可能出现权益高度集中的问题，而且目前分叉处理机制还不完善；

（3）BFT（拜占庭容错），安全高效但规模难保证。一般来说，节点规模越大，区块链吞吐量越低。

其中BFT拜占庭容错的特点是整个系统共同维护一个状态，所有服务器采取一致的行动。它一般包括三种协议：一致性协议、检查点协议和视图更换协议。系统在一致性协议和检查点协议下正常运行，视图更换协议则是只有在主节点出错或者运行缓慢的情况下才会启动，负责维系系统继续执行客户端请求的能力（范捷、易乐天、舒继武，2013）。

针对金融行业私有链或联盟链，本章提出的方法针对存证的吞吐性能和故障处理来定制优化的BFT共识系统。具体实现为：一方面，基于可信计算选择足够规模的可信节点组作为参与BFT共识的超级节点；另一方面，对BFT协议基于Zyzzyva策略（Kotla，2007）等进行优化，来提升区块链存证的吞吐量性能。提出的区块链存证 BFT 优化的主要流程如下：

（1）没有错误节点时，主节点与共识节点达成一致，并将成功账本结果返回给应用，如图 6 所示。

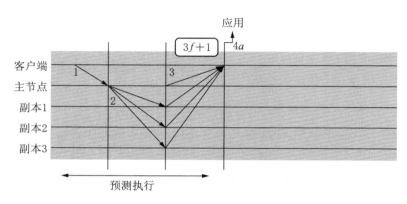

图 6　最优执行

（2）存在错误副本时，根据 BFT 返回账本结果，并修复错误副本，如图 7 所示。

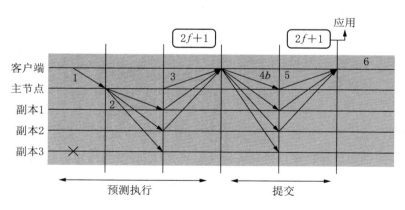

图 7　错误副本

（3）主节点发生错误时：

● 启动视图改变，重新选择好的主节点，然后进行共识；

● 执行视图改变，同时保证安全的恢复命令历史。

2.3　基于人工智能感知和预判信息安全事件

本研究对软件全生命周期中的关键信息系统基础设施的操作日志进行用户行为画像(UEBA)，能主动辨别用户行为属性，及时识别内外风险；以用户业务连续性、体验和安全为主，通过对整个金融运维系统全生命周期的采集、监控、分析、预测、总结，形成金融信息基础系统的全链闭环的持续优化运维。相关技术框架如图 8 所示。

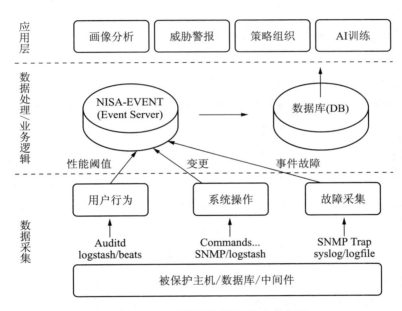

图 8　UEBA 运维画像技术的实现框架

我们通过采用行业最佳实践知识，建立反向传递神经网络(back propagation neural network)和决策树、随机森林等机器学习算法进行结合，完成监督学习的最佳实践的金融信息基础系统的运维行为建模。目标是能高效地转换行业已有经验，快速提升和训练出适合自身业务系统的运维智能模型，帮助金融基础信息系统在运维环节实现最佳实践的优化提升。

本研究采用深度学习和迁移学习相结合的方式，对目前具有噪音的海量金融信息基础系统运维数据进行计算机的非监督学习分析，挖掘在已有行业经验之外的深度高质量信息与策略，对信息系统的过去、现在、未来进行实时分析、总结、预测。研究通过人工智能、动态基线、双模健康度、系统性能容量分析及预测、故障分析定位等技术手段辅助运维，解决行业目前普遍面临的故障发现慢、定位难、预判能力差、容量管理难度大等系统运行难题，提高业务连续性与用户体验，降低系统故障带来的损失。

在运维行为建模中如何选择特征是个领域和工程问题，一般遵循以下流程来构建特征：

- 任务的确定：根据具体业务确定要解决的问题；
- 数据的选择：收集数据，整合数据；
- 数据的预处理：数据格式化、清洗、采样；
- 特征的构造：利用领域知识和工程化方法构造和选择特征；
- 计算模型：通过模型计算得到其在该特征上所提升的准确率；
- 上线测试：通过在线测试的效果来判断特征是否有效。

在确认了运维数据和应用场景（业务问题）后，如何建立一个预测模型以尽量拟合数据，从而使得目标函数最优化，成为了解决运维问题的关键。监督学习的预测模型可以是 CNN、SVM、DT 或随机森林等。我们采用深度学习和迁移学习相结合的非监督学习分析，在不指明具体方向的情况下自行探索，发现事件隐含的特性并据此将相关的事件聚类，总结出特征向量；发现事件与事件、事件与运维结果之间的隐性关联，用于分析事件流和日志信息，从而找出异常的消息簇。这些异常可以与某项运维结果或者事件相联系，从而分析出潜在的原因与症结。

本章提出的人工智能研究方法中，运维行为建模相关的数学描述和模型如下：

- 样本输入数据：$x \in R^{(n+1)}$，$x_0 = 1$，即对于维数是 n 的样本数据，加上偏移量，x 定义成 $n+1$ 维向量。如果总共 m 个样本数据，则任意一个表示为 $x^{(i)}$，$i = 1, 2, \cdots, m$。

- 样本输出数据：$y \in R$ 即 y 是实数标量，任意一个样本输出表示为 $y^{(i)}$。

- 参数：$\theta \in R^{(n+1)}$，即 $n+1$ 维向量（含 n 个输入特征参数和 1 个偏移量），表示第 j 个特征的参数（$j > 0$ 时）或者偏移量（$j = 0$ 时），$j = 0, 1, 2, \cdots, n$。

- 假设函数：

$h(x)=\theta^T \cdot x$ 表示线性回归中的多重变量线性回归。

$h(x)=g(\theta^T \cdot x)$，$g(z)=\dfrac{1}{1+e^{-z}}$ 表示逻辑回归。

- 代价函数：

$$J(\theta)=\frac{1}{2m}\sum_{i=1}^{m}(h_\theta(x^{(i)})-y^{(i)})^2$$

$$J(\theta)=\frac{1}{m}\sum_{i=1}^{m}-y^{(i)}\log(h_\theta(x^i))-(1-y^{(i)})\log(1-h_\theta(x^{(i)}))$$

- 代价函数梯度：

$$\frac{\partial}{\partial\theta_j}J(\theta)=\frac{1}{m}\sum_{i=1}^{m}(h_\theta(x^{(i)})-y^{(i)})x_j^{(i)}$$

- 参数迭代：

$$\theta_j=\theta_j-\alpha\frac{\partial}{\partial\theta_j}J(\theta)$$

- 深度学习相关的网络结构如图 9 所示。

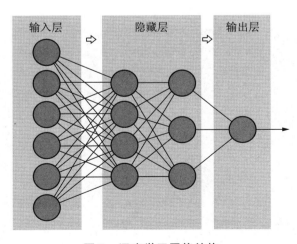

图 9　深度学习网络结构

- 深度学习相关的代价函数：

$$C = \frac{1}{2} \parallel y - a^L \parallel^2 = \frac{1}{2} \sum_j (y_j - a_j^L)^2$$

通过运维行为建模和算法的优化，我们能够对金融核心 IT 资产进行分析和预测，为运维操作的合理性、安全性以及规范性提供新维度的补充。

3　具体实施

本章提出的证券金融行业全生命周期信息安全研究方案结合了可信计算、区块链以及人工智能技术，并结合公司原有监控运维平台的实际建设情况，完成了东吴证券态势感知系统的开发与测试上线工作。

东吴态势平台已经实现了东吴证券的测试环境以及生产内网系统的部署和监控，其中监控部署设备在 1 000 台以上，部署机房包括东吴核心主机房、同城灾备机房、交易所托管机房以及运营商机房。其中，区块链驱动金融信息系统的可信安全研究实现了证券系统的可信防护、区块链防篡改以及部分运维画像内容。

可信防护范围包含互联网边界的网上交易、手机炒股等。核心系统等信息节点进行可信安全检测，主动发现在金融数据共享传输过程中，发生在关键信息系统基础设施的异常恶意工具或者进程。

图 10　可信防护的哈希校验

区块链防篡改针对公司核心配置文件以及电子合同,对于恶意篡改的关键数据能及时发现,对于虚假数据和非法篡改恶意数据能在使用过程中发现,并能及时修复。区块链运行环境本身又被可信计算进行保护,确保其运行的安全性。

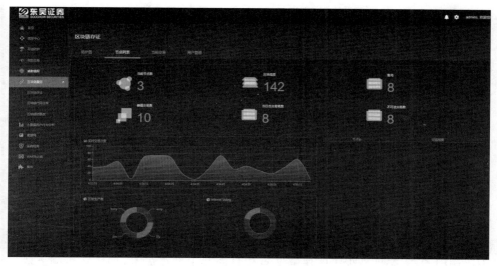

图 11   东吴安全区块链模块

人工智能前期的运维画像功能主要针对运维用户操作以及系统日志进行 UEBA 分析,提取对应的数据,通过特定的采集层的流转,序列化并进行大数据分析后提供操作和画像的展示,并对异常结果进行预判和报警。如图 12 所示。

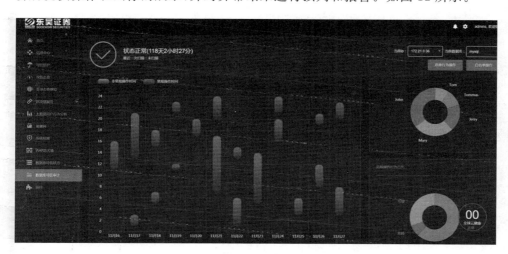

图 12   东吴运维 UEBA 模块

综合当前的应用落地,本章提出的研究方法主要实现了:

● 创新性地把区块链技术与可信安全技术相结合,并将其应用在金融共享信息通讯系统中,以用户业务连续性、体验和安全为主。对于金融关键数据的传输、共享过程,把区块链和可信安全技术作为数据载体。同时,创新性地实现了金融关键数据全生命周期的不可篡改、抵御恶意攻击、高鲁棒性,提升了金融关键数据的可靠性与安全性。

● 针对金融行业数据的特性,创新性地为区块链技术提供了通讯和存储大容量非结构化和结构化的基础数据单元架构,可以把区块链技术的透明、公正、安全、可靠、防篡改、去中心化等特征,普适性地应用在证券关键数据的共享与通讯的全生命周期中,可以从根本上提高金融关键数据的透明、可靠与安全性。

● 结合金融行业特性,优化区块链现有主流拜占庭共识算法,改善当前区块链需要穷举或半数以上节点投票共识才能完成交易的高运算特性。将可信安全技术和区块链优化后的拜占庭共识算法相结合,创新地增加了信誉系统的权重共识比例因子,大幅度减少了区块链节点信息的共识计算成本,加快区块链上数据的传送速度。本研究通过引入可信计算的机制,对传统区块链节点赋予了信誉系统的因子,大量减少了共识节点的共识结算量,将传统区块链的执行时间提高了10倍以上。

4　规划展望

区块链驱动的金融可信安全研究提出了以新技术为技术基础的软件全生命周期安全实现体系,通过可信计算、区块链以及人工智能用户行为画像等技术的相结合,在前期完成了软件生命周期中的开发代码溯源、核心运维配置防篡改、运维行为预警以及可信安全监控等部分的阶段性实现。通过对通讯的关键金融系统进行可信防护,对安全数据进行全生命周期的去中心化、透明、公正、高鲁棒性、防篡改的加固,从根本上金融关键系统的安全与数据的恶意攻击、非法篡改、异常灾难影响的能力。

根据研究方向,未来可在安全需求定义、威胁分级、安全培训、安全编码管理、可信配置管理、威胁模型分析、溯源代码仓库、安全开发框架、静态分析、动态分析、攻击测试、自动安全测试、安全监测、威胁情报分析、加固安全自动化验证、渗透测试、资源安全防护、自动安全部署、可信日志审计、可信防护加固、漏洞扫描、安全反馈以及漏洞扫描等方面逐步开展相关研究与落地。同时,规划更多创新技术的使用,包括现有安全私链逐步对接行业联盟链、蜜罐网技术的研究与落地、容器技术弹性防御体系、全球威胁情报大数据分析等。

参考文献

范捷、易乐天、舒继武:《拜占庭系统技术研究综述》,《软件学报》2013 年第 6 期:第 1346—1360 页。

华仁杰、张之浩、葛菊平、冯恂、阮安邦:《可信证券大数据平台设计与实现》,《计算机工程与应用》第 53 卷:142 页。

Trusted computing group. http://www.trustedcomputinggroup.org.

InfoQ:《机器学习在 IT 运维中的应用》,搜狐,2017 年 9 月 24 日,http://www.sohu.com/a/194172493_355140。

Ruan, A., And A. Martin, "Repcloud: achieving fine-grained cloud tcb attestation with reputation systems." In Proceedings of the sixth ACM workshop on Scalable trusted computing(New York, NY, USA, 2011), STC '11, ACM.

Ruan, A., And A. Martin, "TMR: Towards a trusted mapreduce infrastructure." In Proceedings of the 2012 IEEE Eighth World Congress on Services(Washington, DC, USA, 2012), SERVICES '12, IEEE Computer Society, pp.141—148.

Kolta, R. "Zyzzyva: Speculative Byzantine Fault Tolerance", Proceeding SOSP '07 Proceedings of twenty-first ACM SIGOPS symposium on Operating systems principles, Pages 45—58.

物联网定位技术在数据中心人员管理的应用研究[*]

1 引言

1.1 研究背景

　　数据中心日常机房巡检、工程监理、资产管理、综合布线资源管理等重复性较高的日常运维管理工作，需要大量的外包人员参与，不仅人力资源的"投入产出比"较低，而且管理风险较高。这种大体量数据中心的运维管理不能依靠"人海战术"，尤其是场地运维管理工作，而应尝试使用自动化、智能化技术来提升工作效率，减少人力资源成本的投入，降低管理风险。

　　目前机房运维的主要成本和管理风险在"人"上，如何对"人"进行精细化、智能化的管控，实现人力资源集约化，是数据中心要着力解决的问题，而物联网技术是解决这个问题的一个手段。现在物联网技术已经应用在食品来源回溯、资产管理、智慧城市等方面，如何将物联网技术与数据中心场地运维管理相结合，实现人力资源集约化值得探究。

1.2 研究目标

　　本章的核心目标是解决数据中心人员管理问题，降低管理风险和成本。针对这一核心目标，我们将目标分解如下：

---

　　* 本章由上交所技术有限责任公司张永剑、冯涛，清研讯科（北京）科技有限公司任俊媛、张国熠、夏旭、阎茂伟、倪阳共同完成。

（1）通过物联网技术实现机房的智能监管，对进出数据中心机房的人员进行标记和管理监控。

（2）通过 UWB 定位系统，实现人员活动轨迹、停留时间等数据的可视化与可追溯，配合电子围栏对于数据中心机房操作区域越界做出及时告警。

（3）通过结合视频监控实现实时联动、聚焦，以快速提醒一线监控人员注意风险情况，并结合人脸识别技术解决如下关键问题：无卡人员尾随、人卡分离。

1.3　研究内容

根据本研究核心目标和分解目标，我们主要就以下内容进行研究：

● 第一，对物联网室内定位关键技术进行梳理，论证 UWB 定位技术在数据中心应用的可行性，并针对室内定位技术的缺点调研人脸识别技术。

● 第二，针对数据中心场景需求和特点，提出 UWB 定位系统方案，实现人员历史轨迹和停留时间回溯、电子围栏告警、视频联动功能。

● 第三，探寻人脸识别技术与 UWB 定位技术结合方案，以解决室内定位技术在数据中心应用时可能存在的问题：无卡人员尾随问题、人卡分离导致定位不准的问题。

● 第四，针对上述研究中所提出的解决方案，完善定位设备和图像设备在数据中心的部署方案，完成物联网定位技术上数据中心应用的实践论证。

2　物联网室内定位的关键技术

2.1　室内定位技术概述

室内定位的三个关键技术是物理测量、位置计算和数据处理。以下作简单介绍。

物理测量手段涵盖了 WiFi、蓝牙、Zigbee、RFID、UWB、超声波、地磁场等技术，其测量结果表示包括距离、时间、方向、区域、连接关系、信号指纹等信息。理论上，任何信号只要具有位置区分性，就都可以用于定位，但由于不同信号对位置区分的灵敏度不同,其获取的测量精度差异较大。

位置计算,即算法,是基于物理测量所获得的信息计算目标位置。常见的算法有:基于飞行时间(ToA)、到达时间差(TDoA)、到达角度(AoA)、接收信号强度指纹(RSSI)等方式(杨铮、吴陈沭、刘云浩,2014)。

数据处理,贯穿定位的每个环节,是处理误差和发现异常的有效手段。误差可能来源于测量信道的物理因素,例如存在障碍物、多径和阴影效应,以及环境变化导致信号传播速度变化等;也有可能来自系统硬件和软件的限制。实验结果表明,较小的测量误差就可以明显地放大位置估计的误差。因此,数据处理对于实现高精度定位是必要的(D. Moore et al.,2004)。

2.2 物联网室内定位测量

2.2.1 WiFi 定位测量

WiFi(Wireless Fidelity)又称为 802.11b 标准,它的最大优点就是传输速度较高,可以达到 11 Mbps,同时也与已有的各种 802.11DSSS 设备兼容。WiFi 无线保真技术属于在办公室和家庭中使用的短距离无线技术。该技术使用的是 2.4 吉赫附近的频段,该频段目前尚属没用许可的无线频段。其目前可使用的标准有两个,分别是 IEEE802.11a 和 IEEE802.11b。IEEE802.11g 是 802.11b 的继任者,在 802.11b 所使用的相同的 2.4 吉赫频段上提供了最高 54Mbps 的数据传输率(蔡敏敏,2016)。

WiFi 定位分为两种主要方式:信号强度方式和指纹方式。目前,WiFi 定位精度为 5—7 米,且只能实现区域的定位,受场地实际变动(如人流、布局改变、环境改变等)影响较大。

2.2.2 Zigbee 定位测量

Zigbee 是基于 IEEE802.15.4 标准的低功耗个域网协议。根据这个协议规定的技术是一种短距离、低功耗的无线通信技术。其特点是近距离、低复杂度、低功耗。它主要适合用于自动控制和远程控制领域,可以嵌入各种设备(范茂军,2014)。在中国主要采用其 2.4 吉赫的频段进行 Zigbee 定位。

采用 Zigbee 技术做无线定位,其技术原理和 WiFi 一样。其通过信号强度来确定位置,定位的精度比较低,一般是在 10—15 米。

2.2.3　RFID 定位测量

射频识别即 RFID(radio frequency identification)技术,又称无线射频识别,是一种通信技术,可通过无线电讯号识别特定目标并读写相关数据。常用的有低频(125 千赫—134.2 千赫)、高频(13.56 兆赫)、超高频、微波等技术。RFID 读写器也分移动式和固定式。目前,RFID 技术应用很广,如图书馆、门禁系统、食品安全溯源等(徐小龙,2017)。

无源 RFID 标签,读写距离一般在 10 厘米左右,即使采用超高频(UHF),最远也无法超过 10 米。它主要应用于一些固定场景,比如门禁、公交卡等。有源 RFID 采用的定位技术和 WiFi、Zigbee 一样,通过信号强度(RSSI)来确定位置。RFID 定位的精度为 10—15 米。

2.2.4　UWB 定位测量

UWB 技术是一种无载波通信技术,利用纳秒至微秒级的非正弦波窄脉冲传输数据,遵循 802.15.4a 标准(赵红梅,2017)。和上面几种技术不同,其可以做到精确测距,在测距的时候,采用测量光速飞行时间的方式,计算两点之间电磁波飞行的时间,通过时间计算出两点之间的距离。它被用于定位,先通过计算到达时间差来确定标签和基站之间的距离,然后通过三角定位的方式,计算出标签的位置。

UWB 信号拥有隐蔽性好、多径识别能力强、穿透能力强、低功耗、传输速率高等特点。其单程测距精度可达 10 厘米以内,定位精度可达到 10—30 厘米。

2.3　物联网室内定位算法

2.3.1　基于 AoA 的定位算法

到达角(Angle of Arrival,AoA)定位法(毛永毅,2011)需要测量未知点(即定位卡)到参考点(即定位基站)的电磁波入射角度,这通常由接收机通过天线阵列检测信号能量峰值的来源方向得到,或者由天线阵列通过信号的相位差得到。设参考点个数为 M,坐标分别为 (x_i, y_i),未知点的坐标为 (x, y),各个参考点的 AoA 估计值 θ_i 相互独立,根据 (x_i, y_i) 和 θ_i 计算得到目标的距离,如图 1 所示。采用到达角在视距传播时精度较高,在非视距传播时显著降低。

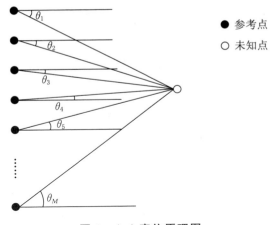

图 1 AoA 定位原理图

2.3.2 基于 ToA 的定位算法

ToA(time of arrival)又称 ToF(time of flight)（范志平,2002）,一般又分为基于时钟同步的 ToA 测距和双向测距。以下稍作介绍。

（1）基于时钟同步的 ToA 测距。

基于时钟同步的 ToA 测距,需要预先将未知点（即定位卡）和参考点（即定位基站）的时钟精确同步,分别测量未知点发送的信号到达各参考点的时间,根据电磁波在空气中的传输速度 c,可确定未知点与多个参考点的距离。以三个定位基站为例,如图 2 所示。

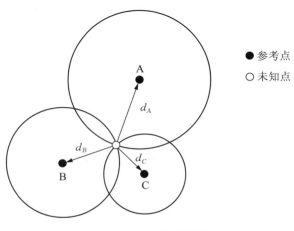

图 2 ToA 定位原理图

参考图 2,未知点于 T_0 时刻发送信号,参考点 A、B、C 分别于 T_A、T_B、T_C 接收到该信号。由于未知点和参考点的时钟是精确同步的,因此飞行时间分别为 (T_A-T_0)、(T_B-T_0)、(T_C-T_0),分别乘以电磁波在空气中的传输速度 c,即可得到距离 d_A、d_B、d_C,以距离为半径画圈,交点即未知点的位置。

ToA 测距充分地利用了 UWB 信号时间分辨率高的特点,能有效抵抗一定的环境干扰,达到良好的定位效果。其难点是需要严格保持定位卡和所有定位基站的时钟同步。

(2) 双向测距。

双向测距法不需要定位卡和定位基站之间严格时钟同步,但需要未知点(即定位卡)向参考点(即定位基站)发送信号,定位基站也向定位卡发送信号。如图 3 所示。

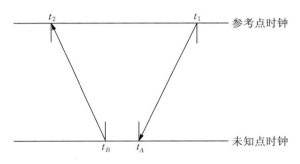

图 3　ToA 定位原理图

参考点于 t_1 时刻(参考点本地时钟的 t_1)向未知点发送信号,未知点于 t_A 时刻(未知点本地时钟的 t_A)接收到该信号;未知点于 t_B 时刻(未知点本地时钟的 t_B)向该参考点发送信号,参考点于 t_2 时刻(参考点本地时钟的 t_2)接收到该信号。则有 $\dfrac{t_2-t_1-(t_B-t_A)}{2}$ 乘以电磁波在空气中的传输速度 c,即可得到该未知点和该参考点之间的距离。同理,确定该未知点与其他参考点之间的距离,根据至少三个距离即可确定该未知点的位置。

双向测距法不需要精准的时间同步,但需要未知点和参考点之间发送更多的信号。

2.3.3　基于 TDoA 的定位算法

基于时间到达差(time deference of arrival,TDoA)(J. Delosme,M. Morf and B. Friedlander,1980)的定位法不像上述 ToA 定位法中需要参考点与未知点之间的时钟严格同步,但仍要求参考点之间的时钟严格同步。不需要未知点的时钟严格同步能相对简化定位系统,降低定位系统成本。

TDoA 定位法的定位过程如下:预先将所有参考点之间的时钟同步,未知点发出信号,不同参考点在不同时刻接收到该信号,选取某参考点接收到信号的时刻作为基准,其他参考点收到信号的时刻减去该基准即得到定位信号到达时间差,该到达时间差为 TDoA 值。根据未知点与两个参考点之间的 TDoA 值可以建立一条双曲线,实现二维定位需要至少三个参考点建立一组双曲线方程求解得到未知点的位置估计。如图 4 所示。

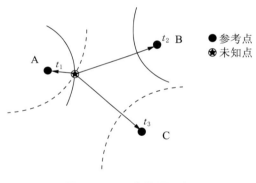

图 4　TDoA 定位原理图

根据距离差作出的双曲线相较于根据距离作出的圆而言,呈发散型。因此,实际应用中通常需要至少四个基站来获得多条双曲线,进而获取冗余 TDoA 值,并在将误差较大的 TDoA 值剔除之后再确定未知点的坐标,这样可提供 TDoA 定位的精度。

2.3.4　基于 RSSI 的定位算法

基于 RSSI 的定位方法是直接使用接收信号强度来进行位置估计。该方法的合理性在于无线信号强度(RSS)在空间中的分布相对稳定,因此在同一个位置的 RSS 测量值稳定,且与其他位置上的 RSS 测量值有所区别。把某个位置上多个信号的 RSS 形成的一个 RSS 向量称为该位置的信号指纹。通过比较信号指纹之间的相似性，可以估算位置节点的位置。在实际应用环境中，RSS 容易受到阴影衰落和多径效应的影响，可能导致较大误差（杨铮、吴陈沭、刘云浩，2014）。

3 人脸识别技术要点

室内定位技术各有特点，尤其是 UWB 高精度定位技术非常适合数据中心的应用场景，但常用的室内定位技术都需要人员主动携带定位标签，在实际应用中可能受到人员主观因素的干扰，例如人卡分离、卡片互换等。针对这一缺点，我们需要调研无需人员主动携带通信设备即可获取人员特征的技术，以进一步提高室内定位技术在数据中心应用的安全性。近年来飞速发展的人脸识别技术便是其中之一。

3.1 人脸识别技术的发展现状

人脸识别（face recognition）研究历史比较悠久，最初由高尔顿（Galton，1888）论述了通过人脸作为特征进行身份识别的可能性，但是当时还没有探讨自动人脸识别的问题。随后，人脸识别发展迅速。我们可以将这个过程划分为四个阶段。

第一阶段，即 19 世纪 60 年代至 90 年代。在该阶段，人们把人脸识别作为一般的模式识别来研究，基于几何结构特征来处理，也就是说需要测量特征点之间的几何距离。该方法智能性并不高。

第二阶段，即 1990 年至 1997 年之间。在该阶段，人脸识别技术发展迅速，美国麻省理工学院媒体实验室的图克（Turk）和彭特兰（Pentland）提出了"特征脸"（Turk and Pentland，1991），"特征脸"的核心是将图像投影到特征脸子空间，有效降维处理后，并通过投影点对特征脸子空间的坐标以及投影线的长度进行计算，从而进行识别。"特征脸"的降维方式对后续的人脸识别研究具有极大的启发意义。而其缺陷是对于环境的鲁棒性低，特别是对于环境光照的鲁棒性低。在该阶段，与此同期，麻省理工学院的布鲁内利和波焦（Brunelli and Poggio，1993）发现模板匹配法比几何结构特征法效果更好,从此,单纯基于几何结构特征的人脸识别研究越来越少,基于统计识别和基于表现的降维建模成为主流方向。此后一段时间,如零空间法、子空间判别模型、增强判别模型、柔性模型、弹性图匹配技术等优秀模型被提出。其中,柔性模型(flexible models)(Lanitis,Taylor and Cootes,1997)是后续人们研究人脸校准的基础。

第三阶段,即 1998 年至 2011 年,针对对环境鲁棒性不良好的问题,特别是对环境的光照鲁棒性差的问题,光照锥模型(A S. Georghiades et al.,2001)可以有效排除光照、姿态变化等因素对人脸识别结果的影响。该阶段,由于对机器学习技术的兴趣,越来越多的机器学习方法与人脸识别技术结合。2001 年维奥拉和琼斯(Viola and Jones,2001)提出的简单特征和层叠分类器的人脸检测模型,可达到极高的检测效率,提供了准确可靠的人脸图像区域。

第四阶段,即 2012 年至今,随着人工神经网络(artificial neural network,ANN)技术的发展,深层次的卷积神经网络的方法被用到人脸识别技术中来。深层次的卷积神经网络的核心是模拟人脑学习的过程,先经过低层次特征组合,然后学习得到高层次的特征。该阶段,各个大学、公司、研究机构提出了不同的深度卷积神经网络结构并应用到人脸识别技术中,例如脸书的 DeepFace、香港中文大学的 DeepID、谷歌的 FaceNet(Sun,Wang and Tang,2014)等。

3.2　人脸识别系统要点

常用的人脸识别系统一般包括三大部分:特征提取模块、人脸识别模块、用户应用模块。以下具体介绍各模块。

(1)特征提取模块主要执行人脸特征提取、人脸特征保存、读取预先存储的人脸特征。其中,人脸特征提取分别在两个流程中执行,第一个流程在人脸识别之前,从预先存储的图片或视频中提取人脸特征并预先存储,以待之后进行人脸识别前比对时使用。第二个流程是在人脸识别进行时执行,从实时获取的图片或视频流中提取出其中人的人脸特征,以待与预先存储的人脸特征比对。由于人脸特征的提取需要大量的计算资源,所以目前通常用 GPU 实现以提高计算速度。另一方面,在预先存储人脸特征时进行一些算法处理(例如将人脸特征转化为数

据量更小的特征矩阵存储），可以使后续在人脸识别过程中进行比对调取时速度
更快。

（2）人脸识别模块主要执行人脸检测、人脸校准、特征比对以及活体检测等。
在进行人脸特征比对之前，首先要进行人脸特征检测和人脸校准，即将实时获取
的图片或视频中的图像帧灰度化之后判定是否存在人脸，若存在则判定出人脸区
域，并从人脸区域中提取出人脸特征与预先存储的人脸特征进行比对。对于静态
图片而言，数据处理量相对较小，但需人主动配合对着摄像头拍下人脸图片。对
于动态的视频流而言，数量处理量较大，通常每秒钟的视频流中获取到的图片帧
有数十帧。目前，成熟的人脸识别厂商基本都能做到较高的处理速度和较准的处
理结果，满足用户不同场景的应用需求。

（3）用户应用模块则是根据用户场景和人脸识别模块的比较功能执行统计、
报警、提醒等功能。例如，当人脸比对发现为陌生人时执行报警。

3.3　人脸识别的主要算法模式

人脸识别的主要算法模式包括：1∶1 识别算法模式、1∶N 识别算法模式和
N∶N 识别算法模式。下面进行逐一介绍。

（1）1∶1 识别算法模式。采集到的标准图像中提取人脸特征点，并结合生物
统计学共同分析建立人脸特征点的数学模型。根据求得的人脸特征点数学模型
与被验证者的人脸进行对比分析，会得到两者相似的一个概率值，根据概率值，则
可判定两者是否为同一人。举一个简单的例子，根据采集的 A、B 两张照片进行
人脸特征比对计算，判断计算后的概率值是否达到一个标准值（即阈值，一般是从
1% 到 100%），若高于阈值则判定通过，若低于阈值则判定不通过。可以推断，如
果将阈值定义得过低（如 5%）时，大部分算法最后得到的结果都会判定通过，所
以在评定这种模式下的人脸识别算法的性能时，一般都需要规定一个阈值作为判
定标准。1∶1 的人脸识别方案主要用于快速的身份确认方案，例如各类考试的
考生身份确认、车站机场的证件和本人身份确认、公司的员工考勤和身份确认等。
但由于这些人员照片的原始图像或数据一般没有一个统一且权威的接口调用，所
以大规模应用的难度很大，且很多方案提供商都需要自建数据库（Schroff, Kalen-

ichenko and Philbin，2015）。

（2）1∶N识别算法模式。这一算法模式的本质是对特定人脸的检索，需要预先存储N个人脸特征，从实时获取的图片或视频中提取一个人脸特征，与预先存储的N个人脸特征进行比对，判断这一个人脸特征是否属于预先存储的N个人脸特征。1∶N识别相较于1∶1人脸识别，运算量要求大幅提高，一般在执行1∶N算法时，还需要额外的算法对多个相似对象进行甄别，选定目标对象。1∶N人脸识别算法模式比较适合的应用场景是：公共场所中犯罪嫌疑人的排查、特定失踪人口的全网搜寻等问题，目前国内主要的机场、火车站均已入驻该类型系统。

（3）N∶N识别算法模式。这一算法模式的本质是并行处理多个1∶N，即需要预先存储N个人脸特征，从实时获取的图片或视频中提取多个人脸特征，与预先存储的N个人脸特征进行比对，分别判断这多个人脸特征是否属于预先存储的N个人脸特征，并输出结果。N∶N识别相较于1∶N人脸识别，运算量要求大幅提高，在多输入时求解多个解，通常都要进行大量的运算来处理前端海量人脸照片的解析。目前的主流做法是在采集端直接解析概况，并对照片进行剪裁预处理以得到多个人脸特征，再传到后台与预测的N个人脸特征进行大量的对比运算。目前比较常见的应用有大型会议、展会、高端会所等。

4　UWB定位技术在数据中心的应用

数据中心的特点是布设机柜多、机柜之间排布紧密，不同机柜的运维人员工作职能和身份都不同，需要区分不同运维人员的身份进行高精度定位。WiFi定位、Zigbee、RFID定位测量技术的精度无法满足数据中心精细化管理需求，因此需要定位精度高、抗干扰性强、识别性好的物联网定位技术来解决数据中心的人员管理问题。所以选择UWB定位测量方法应用于数据中心这个应用场景是可考虑的选择。

在UWB定位测量中，如果UWB信号有效带宽达到3吉赫，信号信噪比可达到4分贝，则理论上，测距误差的最小标准差可达到1厘米。UWB定位系统传输信息采用的基本脉冲具有纳秒级的非正弦波特性，具有极宽的带宽，因此在时域上时间分辨率极强，在理想状态下使用基于 ToA/TDoA 的算法进行测距可以获得极高的准确度。因此，针对数据中心的精细化管理需求，应选用 ToA/TDoA 方式进行测距，并以此来设计 UWB 定位系统。

4.1　数据机房人员管理现状调研

在本研究开展期间，我们通过调研问卷和访谈等形式，对数据中心的人员管理现状进行了调研。其中，上交所技术外高桥数据中心在访客管理、内部安全管控方面都处于较高的管理水平，具有十分典型的研究意义。

我们了解到，外高桥数据中心机房目前已有门禁系统、视频监控系统等常规安全管控系统，机房内部有冷通道和热通道，冷通道通过玻璃门与热通道隔离。进入机房内的人员分为两类，分别是数据中心内部巡检人员（巡检人员）和托管客户的维护人员（维护人员）。不同人员在机房内拥有不同的职责权限和活动区域，如表 1 所示。

表 1　不同人员的权限和活动区域表

	巡检人员	维护人员
人员隶属	外高桥数据中心内部人员	受雇于第三方托管客户
工作流程	每两个小时巡检一次公共机房	运维人员进入机房区域需要有巡检人员陪同，由巡检人员开启门禁，并全程监督其工作
活动区域	除独立托管机房以外的所有机房，原则上每个机柜都要进行查看	只允许查看受托客户所属机柜，巡检区域是相对固定的

通过对机房内人员管理的现状调研，我们认为在现有管理模式下，存在以下风险：

（1）内部巡检人员的管理风险。

● 巡检人员不按照规定的路线行走，存在漏检的风险；

● 巡检人员仅形式上按照规定路线行走，存在敷衍了事的风险。

（2）外部运维人员的管理风险。

● 脱离陪同人员监督的风险；

- 进入非授权区域的风险；

- 在非授权区域长时间停留的风险；

- 查看、操作非授权设备并造成损失的风险。

在分析现有模式的管理风险的同时，我们发现其在事先预防、事后追溯、量化分析等方面都存在诸多不足，主要原因是当前无法对人员在机房内的活动过程进行多维度的数字化记录。本节将继续探讨如何通过引入以 UWB 精准定位为代表的新兴物联网技术，解决数据中心现有管理模式存在的问题。

4.2 UWB 定位系统架构

实现 UWB 定位包括 UWB 定位测距和 UWB 定位解算两大部分。前者可通过 UWB 硬件设备实现，后者（包括 ToA/TDoA 算法）可通过计算能力更强的服务器实现。

考虑到数据中心的机房空间结构不一，一个数据中心里有多个机房，因此将分别设置 UWB 硬件设备和 UWB 定位解算服务器，UWB 硬件设备灵活地根据数据中心中各机房的情况进行配置，UWB 定位解算服务器可配置在安全级别更高的房间内。UWB 硬件设备的数据通过有线或无线通信传输给 UWB 定位解算服务器。

同时，考虑到全国多地都有数据中心，因此，将面向用户的应用层的客户端软件安装设计为可灵活安装在不同服务器或不同计算机的形式。通过配置，客户端软件可访问任意 UWB 定位解算服务器上的位置信息和业务结果，相关信息和结构以可视化的形式呈现给用户，方便用户（即管理人员）操作。

UWB 定位系统架构具体参见图 5。UWB 定位系统包括定位硬件层、网络连接层、数据解算层和应用层。

定位硬件层包括定位基站（即参考点）和定位标签（即未知点）。定位标签和定位基站之间通过 UWB 通信，实现 ToA/TDoA 高精度测距，并将测距数据通过网络连接层提供给 UWB 定位解算服务器（包括图 5 中的位置服务器和数据库服务器）。每个定位标签有唯一的 ID，定位标签由进入数据中心机房的人员携带，因此通过定位每个标签即可对每个进入数据中心的人员进行定位。

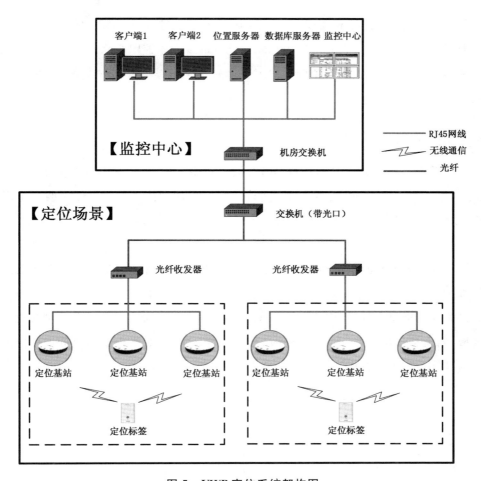

图 5   UWB 定位系统架构图

网络连接层包括光纤收发器、交换机。对一个机房的小区域进行定位时，只需将定位基站与 UWB 定位解算服务器连接，而当对大区域或对多个机房同时进行定位时，则需要实时数据传输能力强的网络连接层设备将大量的 UWB 测距数据提供到 UWB 解算服务器进行实时解算。

数据解算层主要是 UWB 定位解算服务器（包括图 5 中的位置服务器和数据库服务器）。位置服务器根据 UWB 定位算法进行解算，输出定位标签的高精度位置，数据库服务器用于存储历史数据和业务规则静态数据，供定位解算服务器时解算时调用。

应用层包括客户端和监控中心。其中,客户端软件可以安装在任意的监控电脑上,供监控人员实时查看定位信息以及进行设置。监控中心软件可以安装在中控室,管理人员实时查看多个机房的定位信息。应用层主要实现 UWB 定位系统软件功能中与用户交互、向用户呈现的部分。

4.3 UWB 定位系统的软件功能

在 UWB 定位系统中,通过数据解算层解算出未知点(即定位标签)的精确位置后,可结合不认同的需求和场景,实现不同的软件功能。下面具体说明电子围栏、视频联动、视频回溯和人员巡检四个功能。

(1)电子围栏。

进入数据中心的人员角色不同,例如有运维人员和管理人员等。不同运维人员维护的机柜的区域也不同,不同管理人员的管理区域不同。因此,基于 UWB 定位解算层提供的高精度位置数据,对不同权限的人分别管理,设置不同的授权区域,当人员超出其授权区域活动时,系统执行报警,为数据中心的人员管理提供了精准管控的解决方案。

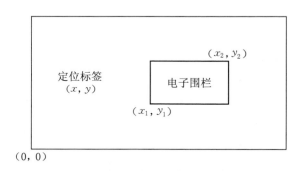

图 6 UWB 定位系统电子围栏示意图

电子围栏可在人员进入未授权或危险区域时发出报警提醒,实现原理如图 6 所示。定位系统软件中需导入机房的地图,通常以整张地图的左下角作为整个坐标系的坐标原点(0,0),当地图中某个区域需要应用电子围栏时,可在电子围栏功能中绘制如图中所示的电子围栏区域,此时"x_1,y_1"为此电子围栏区域的最小顶点,"x_2,y_2"为此电子围栏区域的最大顶点,定位标签定位坐标为"x,y",系统每隔一段时间（时间可设置）就会将"x，y"坐标值和电子围栏的两个顶点做对比，若同时满足 $x_1 < x < x_2$，$y_1 < y < y_2$，则判断定位标签进入电子围栏区域，系统出现报警弹窗提醒监管人员，同时系统通过定位基站给定位标签下发报警指令，使定位标签振动、闪光，提醒定位人员本人。

（2）视频联动。

在数据中心的管理中，如出现报警，监管人员需要一段时间才能到达报警位置。为了降低这段时间的管理风险，我们还设计了如图 7 所示的视频联动功能。

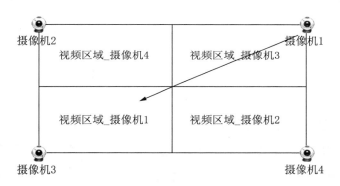

图 7　UWB 定位系统视频联动示意图

如图 7 所示，视频联动可实现在实时定位人员的同时，调取附近的摄像头，将人员实时轨迹监控和人员实时活动画面监控相结合，提升对人员的有效管控。其原理为设置每一个摄像机的拍摄区域，定位系统将标签的定位坐标与摄像机负责的区域作对比（对比原理同电子围栏），若判断标签在摄像机 1 的拍摄区域则直接调用此摄像机的 URL 地址，呈现视频画面，以供监管人员实时了解报警位置的情况。

（3）视频回溯。

视频联动为实时的视频监控画面展示。若想实现视频回溯，则需调取网络硬盘录像机（NVR）内的历史数据，NVR 最主要的功能是通过网络接收网络摄像机（IPC）设备传输的数字视频码流，并进行存储、管理。这样，历史视频数据可供监管人员查询，从而进一步提高管理能力。

（4）人员巡检。

数据中心机房通常还涉及巡检人员执行巡检工作，即需要在一定时间内对特定的区域进行安全检查。UWB定位系统通过区域绘制和巡检任务创建,可自动监控人员巡检任务的完成情况。绘制需巡检的区域,将其与人员信息、UWB定位标签 ID、巡检时间(例如每周几天、每天什么时间段)之间进行绑定,形成巡检任务,在此时间段内,人员需进入规定的巡检区域(进入区域的判断逻辑同电子围栏),UWB定位系统输出巡检 Excel 表格呈现详细的巡检情况。

4.4　UWB定位技术在数据中心应用的关键问题

UWB定位系统凭借其厘米级的定位精度、优良的抗干扰性、超高的实时性、可同时对不同的人员进行管理、可灵活配置等优点,基本可以满足数据中心对不同角色人员进行高精度定位和管理的目标。

它在对人员进行定位之前,需要建立人员与其携带的定位标签之间的对应关系(即执行绑定操作),才能通过确定该定位标签的高精度位置来实现对该人员的高精度定位和智能管理。这会导致一个问题:当人员与其携带的定位标签之间的对应关系出现错误时,根据定位标签的位置来确定运维人员的位置是不准确的。具体而言,这包括以下两个问题:无卡人员尾随问题、人卡分离导致定位不准的问题。

4.5　UWB定位技术应用的关键问题的解决方案

通过分析,我们发现,人脸识别技术不需要人携带定位标签,它可以与 UWB 定位技术形成良好的技术互补,以解决前述关键问题。

(1)无卡人员尾随问题的解决方案。

首先,需要预先在数据库中录入人脸特征和对应的定位标签 ID,以及对应的管理约束规则。其中,管理约束规则包括身份类型、进入数据中心的时段、工作区域等,这些可根据具体的管理需求灵活配置。

表 2　定位标签 ID 与人脸特征对应关系表

姓名	人脸特征矩阵	定位标签 ID	身份类型	进入数据中心时段	工作区域
李四	矩阵 A	101	运维人员	每天 8 点至 17 点	1 号机柜至 5 号机柜
王五	矩阵 B	102	运维人员	每天 17 点至 21 点	1 号机柜至 5 号机柜
赵六	矩阵 C	103	访客	当天 8 点至 10 点	公共通道

如表 2 所示，当给运维人员李四配置定位标签时，将 ID 为 101 的定位标签配置给李四使用，并同时要求李四拍照或提供身份证照片，以便人脸识别系统提取人脸特征矩阵。此时，根据李四的照片提取出其人脸特征矩阵为矩阵 A，在数据库中存储该矩阵 A，同时在数据中将姓名李四、定位标签 ID101、人脸特征矩阵为矩阵 A、李四身份为运维人员、其进入数据中心的时段、其工作区域等信息之间建立一一对应关系。具体的算法流程如图 8 所示。

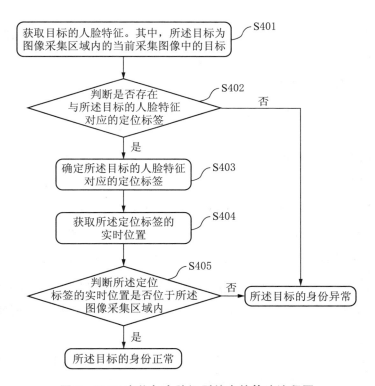

图 8　UWB 定位与人脸识别结合的算法流程图

参考图 8，步骤 S401 中，图像采集区域具体为数据中心中安装的摄像头可拍摄区域，获取的人脸特征具体是指从当前视频流中检测到的人脸特征的特征矩阵。步骤 S402 中，根据预先存储的定位标签 ID 与人脸特征对应关系表（可参考表 2）判断是否存在与所述目标的人脸特征对应的定位标签，若不存在，则可判定该目标为无卡人员，发生无卡人员尾随进入数据中心时执行报警。在步骤 S402

中，由于同时对数据中心内存在的所有人脸进行判定，所以实际执行的是 N∶N 的人脸识别算法模式。

进一步地，我们还可以利用 UWB 定位系统中应用层的应用功能。例如，可利用视频回溯功能，来查询该目标的所有视频信息。

由于人脸识别设备从视频流中识别出人脸特征的耗时是非常短的（低于秒级），以及 UWB 定位系统的定位数据具有极高的实时性（可达到亚秒级），因此人脸识别和 UWB 定位系统的处理延迟相对于人体的运动速度而言可以忽略不计。通过高频率执行图 8 中的算法流程，可以很好地解决无卡人员尾随问题。

（2）人卡分离导致定位不准的问题。

解决人卡分离的问题与前述一样，都需要预先在数据库中录入人脸特征和对应的定位标签 ID，以及对应的管理约束规则。具体可参见表 2。

具体算法流程可以参考图 8，在步骤 S402 判断存在与所述目标的人脸特征对应的定位标签后，继续执行步骤 S403。步骤 S403 中，根据预先存储的定位标签 ID 与人脸特征对应关系表（可参考表 2）确定目标的人脸特征对应的定位标签，例如该目标的人脸特征矩阵为矩阵 B，则该目标的姓名为王五，王五所携带的 ID 是 102 的定位标签。执行完步骤 S403 后继续执行步骤 S404，获取到 ID 是 102 的定位标签的当前位置为 10 号机柜的通道处。执行完步骤 S404 后继续执行步骤 S405，判断拍摄下的王五人脸图像的图像处理设备（即摄像头）是否是用于拍摄 10 号机柜通道的摄像头，若否，则说明李四没有位于 10 号机柜的通道处，但李四的定位标签在 10 号机柜的通道处，此时执行人卡分离报警。

此外，人卡分离的解决方案还可以通过改进 UWB 定位标签硬件结构的方式实现。例如，将 UWB 定位标签设置为具有防拆报警功能的手环结构。

（3）UWB 定位与人脸识别结合的其他管理功能。

如前所述，可以根据不同的管理需求灵活配置不同的管理约束规则。以数据中心场景为例，可以配置进入数据中心的时段、工作区域等（如表 2 所示），以实现其他的管理功能。

UWB 定位系统还可以执行非工作区域停留报警。例如，在步骤 S404 中，获取到 ID 是 102 的定位标签的当前位置为 10 号机柜往南 10 厘米处，根据定位标签 ID 与人脸特征对应关系表（参考表 2）确定 ID 是 102 的定位标签的工作区域为 1 号机柜至 5 号机柜，随后从 UWB 定位系统中获取 ID 是 102 的定位标签在 10 号机柜附近停留的时间，若超过 10 分钟，则可执行非工作区域停留报警。此时，可通过视频联动功能将 10 号机柜区域的摄像头拍摄的视频一并推送。

4.6　UWB 定位设备和图像设备的部署设计

前面分析了 UWB 室内定位技术应用在数据中心中的可行性和存在的问题，提出人脸识别技术与 UWB 室内定位技术结合方案，以解决 UWB 定位技术在数据中心应用的关键问题。这一部分中将完善定位设备和图像设备在数据中心的部署方案，以完成物联网定位技术上数据中心应用的实践论证。

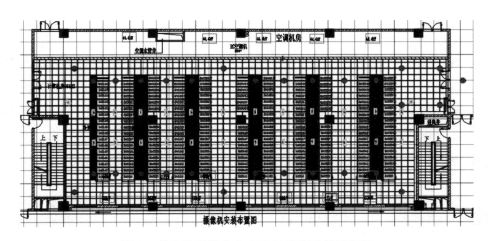

图 9　华京路数据中心 803 机房的部署示意图

图 9 为 UWB 定位系统的样本部署示意图，样本为在上交所技术公司华京路数据中心 803 机房进行部署并测试。图中，圆点为 UWB 定位基站的部署位置，长方形图标为图像设备（即摄像头）的部署位置。需要说明的是，实际测试中，从成本和效率的角度考虑，未将图 9 的图像设备全部部署，而是先部署其中一部分进行测试。

圆点形成了 UWB 的定位区域，在单个通道的两侧设置两个 UWB 定位基站可实现通道一维定位，即可确定被定位人员在通道中的进深（例如距离通道下侧入口 50 厘米处或 500 厘米处）。单个通道的两侧设置两个 UWB 定位基站，并和其他 UWB 定位基站结合,可以确定被定位人员的实时位置坐标。当在某被定位人员应该所处的通道(即应该所处的工作区域)中未发现该运维人员的位置数据时,可以通过其他 UWB 定位基站的测距数据确定该被定位人员的具体位置坐标。

长方形图标为图像设备(即摄像头)的部署位置。图像设备的部署有两个特点:其一,出入口部署(如图中左侧和右侧)优先采用广角摄像头。其二,通道部署优先采用长焦摄像头。与 UWB 定位基站部署在单个通道两侧不同的是,图像设备部署在通道中,靠通道上方的图像设备用于向下拍摄,靠通道下方的图像设备用于向上拍摄。

这样的部署方式,充分考虑了数据中心机房的场景特点和应用需求,可较为精准、全面地覆盖数据中心机房,构成良好的图像采集区域和定位区域。

4.7　UWB 定位系统的典型功能测试

在上交所技术公司外高桥数据中心 803 机房部署并进行测试,区域为技术大厦 803 机房 B、C、D 三个通道(含两个热通道和一个冷通道)。其中,在热通道中的 UWB 定位基站安装在主干桥架上,安装高度在 2.3 米左右;冷通道中的 UWB 定位基站安装在该冷通道两端上方玻璃隔层外,安装高度为 2.2 米左右。所有 UWB 定位基站采用 POE 方式供电,网络设备部署在 C2-5 机柜。如图 10 所示。

图 10　定位基站安装情况

以下为典型功能的测试情况：

（1）高精度定位功能测试。

人员佩戴 UWB 定位标签在 UWB 定位基站覆盖通道中活动，系统能够清晰准确地反应人员的活动位置和轨迹（如图 11 所示），机柜四周定位准确，通道间无串扰，动态定位精度稳定在 0.5 米左右。人员佩戴 UWB 定位标签静止在某机柜附近时，UWB 定位系统可以稳定识别相应的位置。

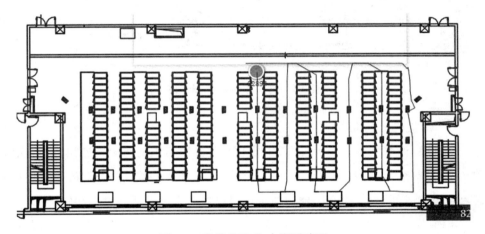

图 11　高精度定位功能测试图

（2）电子围栏功能测试。

在软件界面上任意选择一个区域划定为电子围栏区域（如图 12 中框出的电子围栏区域）。测试中，人员持 UWB 定位标签非授权进入时，系统能及时、准确告警，并定位出人员进入电子围栏区域时的具体位置。同时，系统会产生告警弹窗，UWB 定位标签会产生振动、闪光提醒。

在安全领域，管理者希望设立一道有形或无形的墙（围栏），自动识别进出者权限，定位系统中的电子围栏即这样一面无形的墙。围栏可以事先布设，也可以临时布设，并关联人员信息。在机房应用中，电子围栏适用于针对外部维护人员的管理，维护人员进入非授权区域，系统在管理后台发出预警，同时佩戴者也可以收到来自标签的蜂鸣提示，督促其离开非授权区域。

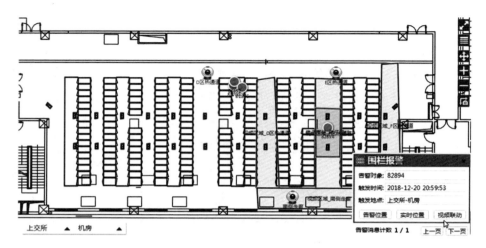

图 12　电子围栏功能测试图

（3）历史轨迹功能测试。

测试中，调取测试人员手持 UWB 定位标签在机房内的历史轨迹记录，实现活动轨迹可视化、可回溯（如图 13）。在系统软件界面上选择需要查询的人员 ID 和需要查询的时间，系统可直接输出所查询时段内此人员的活动过程和轨迹。

实时位置是机房内人员状态的最直观展现。实时位置和时间叠加，使人员状态呈线性展现，这是单一视频监控系统碎片化信息所无法实现的，是对机房内原有安防系统的大幅度补充与提升。

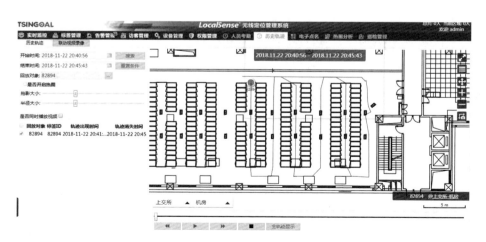

图 13　历史轨迹功能测试图

（4）视频联动功能测试。

测试人员手持 UWB 定位标签在机房活动，在对其实时定位的同时可将监控视频调出，随着人员的活动，系统可自动切换不同区域下的摄像头所拍摄的画面，切换时间 1 秒左右。实时监控人员轨迹的同时，可同步查看该人员当前活动状态的视频画面（如图 14）。这可满足数据中心机房对人员活动情况进行全方位管控的需求。

当监管人员通过定位系统发现异常状况后，可以快速切换至事发区域的实时画面，对事件进行快速分析和判断。这缩短了响应时间，做到及时应对，避免潜在的风险发生。视频联动功能的部署，丰富了人员定位系统的展现层次，使系统实用性进一步提升。

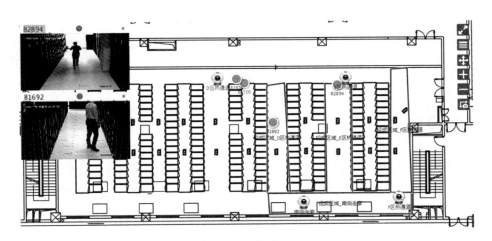

图 14　视频联动功能测试图

（5）人员巡检场功能测试。

测试人员手持 UWB 定位标签在定位区域机柜前模拟巡检过程，检测系统记录情况。系统可呈现人员所到的位置，同时会以热力图的形式呈现出人员在某个位置所待时间的长短，即图中深色区域为人员所待时间较长的位置，时间越短则呈现的颜色越浅（如图 15）。

本功能正式部署在机房后，不仅可以反映人员的行走路径，同时可以将人员在机房内的工作过程进行立体化展现，在多方面改善业务管理。例如：

- 热图可预防巡检人员只行走不巡检的状况；
- 可以有效辨别维护人员在非授权区域是经过还是停留；
- 分析多次巡检热图，可以作为对巡检人员业务评估的依据；
- 通过热图可发现巡检热点区域和冷门区域，便于重点部署和管控。

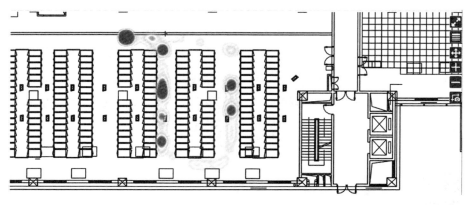

图 15   人员巡检场功能测试

5   结论

本章的研究中，我们首先对物联网定位技术进行调研和梳理。传统的室内无线定位系统使用 WiFi、蓝牙及 Zigbee 等技术，基于 RSSI 来对标签位置进行粗略估计，定位精度低，且容易受到干扰，定位稳定性难以适应高精度无线定位应用的要求。而采用先进的 UWB 无线定位技术的测距，定位精度可达厘米级，能匹配数据中心的管理需求。

针对数据中心的场景需求和特点，本章提出 UWB 定位系统方案，通过在机房部署定位基站、为人员配置标签的方式，能够实现对人员的实时高精度定位，最高精度高达 15 至 30 厘米。同时，我们还设计了对不同人员的高精度定位、历史轨迹、电子围栏告警、视频联动功能来解决数据中心管理问题，降低管理风险。此外，我们还针对室内定位技术在数据中心应用的关键问题（无卡人员尾随问题、人卡分离导致定位不准的问题），将 UWB 定位技术与人脸识别技术相结合，提出了解决方案，保障数据中心的运维安全。

对于本章提出的 UWB 定位系统方案,我们在上交所技术大厦 803 机房进行实地测试。测试结果验证了 UWB 室内定位技术解决数据中心场地运维痛点问题的可行性及提高场地智能监管的可行性,并针对原有管理模式中存在的不足,提出解决方案。例如,针对高风险的环节,运用技术手段实现多维度的重点监管和预防,预计可使单人工作效率提升 30%—40%,及时发现异常事件的概率提升 60%,事件处置时间缩短至原来的 50% 以内。本系统还改变了原模式下传统的人盯人的管理方式,降低了数据中心对人的依赖,通过减少人员投入来降低运营管理的成本。据测算,这预计降低 40% 以上人力成本。最后,本系统通过多维可视化替代了原模式下类似纸质化的作业过程记录,实现了机房管理的智能化和数字化。

UWB 系统容量大,实时性好。基于 UWB 系统定位的人员管理、实时高精度定位、电子围栏告警、历史轨迹查询、视频联动、热力图等功能,应用于数据中心的人员管理,可以显著降低数据中心的运营成本,并提升风险防范与处置能力。因此,它对数据中心有很好的应用价值。

参考文献

杨铮、吴陈沭、刘云浩:《位置计算:无线网络定位与可定位性》,清华大学出版社 2014 年版,第 24 页。

蔡敏敏:《基于 WiFi 指纹的室内定位系统中采样和匹配算法研究》,南京邮电大学出版社 2016 年版,第 9—11 页。

范茂军:《物联网与传感器技术》,机械工业出版社 2014 年版,第 74—79 页。

徐小龙:《物联网室内定位技术》,电子工业出版社 2017 年版,第 125—127 页。

赵红梅:《超宽带室内定位系统应用技术》,电子工业出版社 2017 年版,第 29—30 页。

毛永毅、张颖:《非视距传播环境下的 AoA 定位跟踪算法》,计算机应用 2011 年版,第 317—326 页。

范志平、邓平、刘林:《蜂窝网无线定位》,电子工业出版社 2002 年版,第 43 页。

Georghiades, A. S. et al., 2001, "From few to many: Illumination cone models for face recognition under variable lighting and pose". *IEEE Transactions on Pattern Analysis and Machine Intelligence* 23(6):643—660.

Brunelli, R., and T. Poggio, 1993, "Face recognition: Features versus templates". *IEEE Transactions on Pattern Analysis and Machine Intelligence* 15(10):1042—1052.

Moore, D., J. Leonard, and D. Rus, et al., 2014, "Robust Distributed Network Localization with Noisy Range Measurements." Proceedings of ACM SenSys 50—61.

Galton, F., 1889, "Personal Identification and Description". *Journal of the Anthropological In-*

stitute of Great Britain & Ireland 38(973):173—177.

Delosme, J., M. Morf, and B. Friedlander, 1980, "A linear equation approach to locating sources from time-difference-of-arrival measurements". *IEEE Acoustics, Speech, and Signal Processing* 818—824.

Lanitis, A., C.J. Taylor, and T.F. Cootes, 1997, "Automatic Interpretation and Coding of Face Images Using Flexible Models". *IEEE Transactions on Pattern Analysis and Machine Intelligence* 19(7):743—756.

Sun, Y., X.Wang, and X. Tang, 2014, "Deeply learned face representations are sparse, selective, and robust". *Computer Vision & Pattern Recognition* 2892—2900.

Schroff, F., D. Kalenichenko, and J. Philbin, 2015, "FaceNet: A unified embedding for face recognition and clustering". IEEE Conference on Computer Vision and Pattern Recognition 815—823.

Turk, M., A. Pentland, 1991, "Eigenfaces for recognition". *Journal of Cognitive Neuroscience* 3(1):71—86.

Viola, P., and M. Jones, 2001, "Rapid object detection using a boosted cascade of simple features". Computer Vision and Pattern Recognition, 2001. CVPR 2001. Proceedings of the 2001 IEEE Computer Society Conference on. IEEE Xplore, I-511-I-518 vol.1.

图书在版编目(CIP)数据

证券行业金融科技探索与实践:证券信息技术研究
发展中心(上海)2018年课题报告精选/证券信息技术
研究发展中心(上海)主编.—上海:格致出版社:
上海人民出版社,2019.11
ISBN 978-7-5432-3065-1

Ⅰ.①证… Ⅱ.①证… Ⅲ.①科学技术-金融-研究
报告-上海-2018 Ⅳ.①F832.751

中国版本图书馆 CIP 数据核字(2019)第 216698 号

责任编辑 程筠函
封面设计 零创意文化

证券行业金融科技探索与实践
——证券信息技术研究发展中心(上海)2018年课题报告精选
证券信息技术研究发展中心(上海) 主编

出	版	格致出版社
		上海人民出版社
		(200001 上海福建中路193号)
发	行	上海人民出版社发行中心
印	刷	常熟市新骅印刷有限公司
开	本	720×1000 1/16
印	张	15.75
插	页	2
字	数	237,000
版	次	2019年11月第1版
印	次	2019年11月第1次印刷

ISBN 978-7-5432-3065-1/F・1259
定 价 79.00元